KB251321

**AI 버블이 만드는
부채의 종말**

# AI 버블이 만드는 부채의 종말

김영익의 글로벌 금융위기 대전망

빅 사이클의 마지막 국면에서 살아남는 법

김영익 지음

한스미디어

# 기술 혁명은 왜 반복해서
# 금융위기로 이어지는가

기술 혁명은 언제나 인류의 진보를 상징해왔다. 증기기관은 거리를 단축했고, 철도는 대륙을 연결했으며, 전기는 밤을 낮처럼 바꾸었다. 인터넷은 정보를 민주화했고, 스마트폰은 인간의 시간을 재구성했다. 그리고 지금, 인공지능(AI)은 인간이 사고하는 방식을 바꾸고 있다.

기술은 분명 실재한다. 그것은 생산성을 높이고, 비용을 낮추며, 새로운 산업을 창출한다. 그러나 역사를 더 깊이 들여다보면 기술 혁명은 늘 또 다른 현상을 동반해왔다. 그것은 금융의 팽창이며, 자산 가격의 급등이고, 결국 신용의 위기다.

왜 이런 일이 반복되는가. 역사를 관통하는 하나의 공통 구조가 존재한다. 기술 혁명은 대규모 자본을 수반한다. 그 자본은 단순히 저축에서 나오지 않는다. 그것은 신용을 통해 조달되고, 신용은 기대를 통해 증폭된다.

기대가 강해질수록 자본은 더 빨리 움직이고, 자본이 빨리 움직일수록 가격은 더 가파르게 상승한다. 상승은 다시 기대를 강화한다. 이 순환은 일정 시점까지는 번영으로 보인다. 그러나 그 안에는 항상 균열의 씨앗이 숨어 있다.

19세기 철도 혁명을 보자. 철도는 산업화를 가속했고, 물류비용을 혁명적으로 낮추었다. 도시는 확장되었고, 원자재와 상품은 전례 없는 속도로 이동했다. 그러나 철도 건설에는 막대한 선투자가 필요했다. 채권은 대량 발행되었고, 투기적 자본은 경쟁적으로 유입되었다. 노선은 수요보다 빠르게 건설되었고, 기대는 현실을 앞질렀다. 1873년 금융위기는 이러한 과잉의 결과였다. 철도는 사라지지 않았지만, 투자자는 사라졌다.

1920년대의 전기와 자동차도 마찬가지였다. 전기는 공장을 효율적으로 만들었고, 자동차는 개인 이동의 자유를 확대했다. 생산성은 실제로 상승했다. 그러나 주식시장은 미래의 번영을 과도하게 선반영했다. 증거금 거래는 확대되었고, 레버리지는 주가 상승을 가속했다. 1929년의 붕괴는 기술의 실패가 아니라 신용의 과잉이었다. 대공황은 가격 조정이 아니라 통화와 신뢰의 붕괴였다.

1990년대 인터넷 역시 혁명이었다. 웹은 세계를 연결했고, 정보의 이동 비용은 급격히 하락했다. 생산성 향상으로 미국 경제는 고성장과 저물가를 동시에 달성했다. 그러나 자본은 수익보다 속도를 좇았다. 방문자 수와 클릭 수는 이익보다 중요한 지표가 되었다. 나스닥 등 주요 주가지수가 급등했다. 그러나 2000년 들어 거품이 붕괴하면서 나스닥은 80% 가까이 하락했다. 인터넷은 남았지만, 과도한 기대는 사라졌다.

2000년대 금융공학은 주택 소유를 확대했다. 위험은 분산되었다고 믿었고, 구조화 상품은 안전하다고 평가되었다. 그러나 위험은 분산된 것이 아니라 보이지 않게 축적되었다. 2008년, 신용 네트워크는 거의 멈춰 섰다. 은행은 서로를 신뢰하지 않았고, 중앙은행은 전례 없는 유동성을 공급해야 했다.

이 모든 사례에서 공통된 사실은 하나다. 기술은 진짜였다. 그러나 가격은 과도했다. 그리고 과도함은 언제나 신용에서 비롯되었다. 신용은 미래를 현재로 끌어오는 도구다. 성장이 가속되는 초기에는 그것이 합리적이다. 그러나 기대가 현실을 앞지르는 순간, 신용은 스스로를 압박하기 시작한다. 상승은 레버리지를 낳고, 레버리지는 상승을 증폭시킨다. 그러나 같은 힘이 하락에서도 작동한다.

2020년대 중반, AI는 또 하나의 구조적 전환을 이끌고 있다. 데이터센터는 새로운 인프라가 되었고, 반도체는 전략 자산이 되었다. 전력은 디지털 시대의 석유가 되었으며, 국가 정책은 기술 패권을 중심으로 재편되고 있다. 기업은 AI 중심으로 전략을 재설계하고, 투자자는 그래픽 처리 장치(GPU)와 클라우드 인프라에 자본을 집중한다. 이 혁명은 허상이 아니다. 그러나 금융시장은 기술의 진위를 평가하지 않는다. 금융시장은 기대와 자금 흐름을 평가한다. 문제는 이것이 혁명인가 아닌가가 아니다. 문제는 이 혁명이 어떤 자본 구조 위에 세워져 있는가이다. 그 자본은 자기자본인가, 아니면 차입에 의존하는가. 그 수익은 현재의 현금흐름인가, 아니면 미래의 서사인가. 그 신용은 투명한가, 아니면 보이지 않는 레버리지 위에 놓여 있는가.

역사는 반복해서 경고한다. 혁명은 상승을 만든다. 상승은 신용을 부른다. 신용은 가격을 밀어 올린다. 그리고 일정 지점에서, 신용은 한계를 드러낸다.

이 책은 기술을 부정하지 않는다. 오히려 기술이 얼마나 강력한지 인정한다. 그러나 동시에 묻는다. 우리는 지금 또 하나의 기술 혁명 속에서 또 하나의 신용 확장을 목격하고 있는 것은 아닌가.

기술 혁명은 인류를 진보시킨다. 그러나 금융위기는 그 진보의 속도를 시험한다.

이 책은 그 시험의 구조를 해부하려는 시도다. 기술의 찬가가 아니라, 자본의 구조에 대한 분석이다.

그리고 이 질문에서 출발한다.

이번에는 정말 다른가,

아니면 또 다른 반복인가.

2026년 봄, 강화 서재에서

김영익

# 차례

제2부      AI 이후의 세계

제3부      생존 전략: 빅 사이클 후반부에서 투자자는 무엇을 해야 하는가

# 혁명은 언제나
# 신용과 함께 온다

# 제1장

# 우리는 기술 혁명 속에서 부채 혁명을 보고 있다

인공지능(AI)은 추상적 개념이 아니다. 그것은 자본 집약적 산업이다. 많은 이들이 AI를 소프트웨어 혁명으로 이해하지만, 실제 산업 구조는 물리적 인프라에 기반한다. AI는 알고리즘 이전에 자본지출(CAPEX)을 요구한다. 이 점을 이해하지 못하면 현재 국면을 정확히 해석할 수 없다.

따라서 본 장의 핵심 질문은 다음과 같다.

우리는 기술 혁명을 보고 있는가,

아니면 기술 혁명과 결합된 신용 확장과 자산 가격을 보고 있는가.

## AI 산업 구조의 물리성

AI 인프라는 네 개의 층위로 구성된다. 이 중 가장 자본 집약적인 영역은 데이터센터와 전력이다. 데이터센터는 단순한 정보통신 설비가 아니라 대규모 고정자산이다. 냉각 설비, 송배전 인프라, 장기 전력 계약 등은 초기 투자 비용이 매우 크고, 투자 회수 기간이 길다.

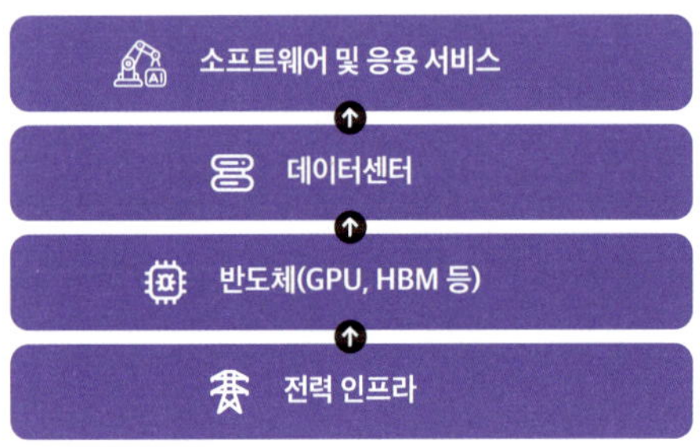


2022~2025년 미국의 설비 투자는 국내총생산(GDP) 대비 평균 15.0%에 달했다. 1990년대 정보통신 혁명기 평균이 약 7% 수준이었던 점을 감안하면, 현재는 과거 혁명기보다 자본 투입 강도가 더 높다. 그만큼 AI 관련 기업이 투자를 많이 하고 있다는 뜻이다. 그러나 일부 기술기업에서는 자본지출(CAPEX) 증가율이 매출 증가율을 상회하는 현상도 관찰된다. 이는 다음을 의미한다.

- 인프라 투자가 수익화보다 선행되고 있다.
- 자본 회수는 미래에 의존한다.
- 자금 조달 구조가 중요해진다.

## 인프라 확장과 신용의 관계

대규모 인프라 투자는 역사적으로 신용 확대와 결합해왔다. 19세기 후반 미국 철도 건설은 GDP의 상당 비중을 차지했다. 철도 채권이 대량 발행되었고, 자본은 투기적으로 유입되었다. 철도는 산업화를 촉진했지만, 과잉 투자 이후 다수의 철도 회사가 파산했다. 기술은 남았으나, 자본은 파괴되었다.

이 사례는 하나의 인프라 투자와 신용 및 자본 파괴의 과정을 보여준다.

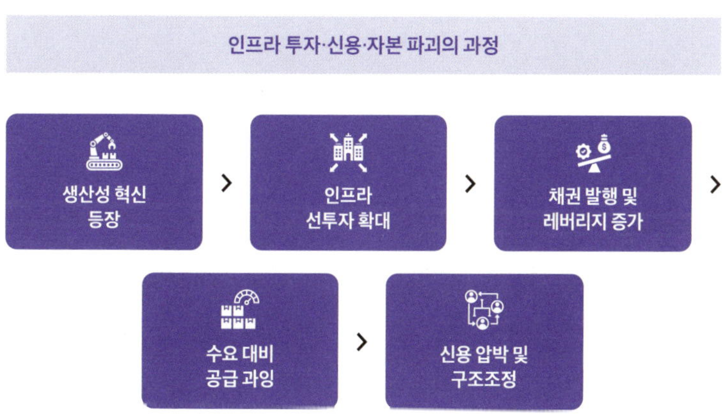


AI 데이터센터 역시 인프라 성격을 갖는다. 기가와트급 전력 계약, 수십만 개 그래픽 처리 장치(GPU) 설치, 장기 고정비 구조는 철도·전력 산업과 유사하다. 문제는 인프라의 존재가 아니라 자본 투입 속도와 수익 창출 속도의 차이다.

## 금융시장은 기술보다는 기대를 반영

금융시장은 기술의 진위를 평가하지 않는다. 금융시장은 기대와 할인율을 평가한다. 1920년대 전기와 자동차는 실질적 생산성 혁신이었다. 그러나 1929년 주가 수준은 기업 이익 증가 속도를 상회했다. 증거금 거래 확대는 개인 레버리지를 높였고, 자산 가격 변동성을 확대했다.

가격은 미래를 할인하지만, 할인율은 금리·유동성·위험 인식에 따라 변한다. 할인율이 상승하면 동일한 미래 이익이라도 현재 가치는 낮아진다. 혁명기의 핵심 위험은 기술 실패가 아니라 할인율의 변화다.

1990년대 후반 인터넷도 구조적 혁명이었다. 그러나 나스닥은 2000년 이후 약 80% 하락했다. 인터넷은 사라지지 않았지만, 과도한 자본 투입은 손실로 이어졌다.

기술의 장기 가치와 단기 가격은 다를 수 있다. 자본 배분 속도가 수익 창출 속도를 초과할 경우 조정이 발생한다.

2008년은 단순한 자산 가격 붕괴가 아니라 신용 시스템 정지였다. 가계 부채 급증, 주택 가격 과열, 구조화 금융 확대가 결합되었다. LIBOR-OIS 스프레드* 급등은 금융기관 간 신뢰 붕괴를 의미했다. 신용 경색은 실물경제 침체로 이어졌다.

     

＊ LIBOR-OIS 스프레드는 '은행 간 신용 위험 + 유동성 긴장'을 보여주는 대표적 금융 스트레스 지표로, 구성은 다음과 같다.

**LIBOR(London Interbank Offered Rate)**

- 은행이 다른 은행에 돈을 빌려줄 때 적용하는 금리
- 신용 위험이 포함된 금리

**OIS(Overnight Indexed Swap rate)**

- 중앙은행 정책금리에 연동된 사실상 무위험 금리
- 신용 위험 거의 없음

## 현재 국면의 특징: AI는 진짜, 신용과 자산 가격은 과다

AI 관련 설비 투자는 급증하고 있다. 일부 프로젝트는 사모신용(Private Credit)을 통해 자금을 조달한다. 정부 부채는 역사적 고점에 근접해 있다. 현 상황을 요약하면 다음과 같다.

이 조합은 과거 혁명기와 유사한 요소를 포함한다. 다만 현재는 통화정책 여력과 재정 여력이 과거보다 제약될 가능성이 있다. 미국의 경우 인플레이션율이 높고 연방정부의 부채가 GDP 대비 120%를 웃돌고 있기 때문이다.

기술은 실제일 수 있다. AI 역시 구조적 생산성 혁신을 가져올 가능성이 높다. 그러나 다음 두 명제는 동시에 성립할 수 있다.

"기술은 진짜다."

"자산 가격은 과도할 수 있다."

신용은 자산 가격 상승을 증폭시킨다. 동시에 붕괴 가능성도 높여준다. 혁명은 항상 자본을 필요로 한다. 그리고 자본이 신용을 통해 조달될 때 시스템은 기대에 민감해진다. 따라서 현재 국면을 평가할 때 핵심은 기술의 진위가 아니다. 핵심은 자본 조달 구조와 신용 의존도다.

우리는 기술 혁명 속에 있다. 동시에 부채 확대 국면에 있을 가능성도 존재한다.

이 둘을 분리해 분석하지 않으면, 반복되는 역사적 패턴을 다시 경험할 수 있다.

# 빅 사이클 이론: 부채의 확장과 수축 과정에서 장기 순환

## 빅 사이클은 금융 구조·통화 체제·국가 권력의 재편

일반적으로 우리가 말하는 경기 순환은 5~10년 단위의 단기 변동(키친 파동, Kitchin Cycle)을 의미한다. 단기 순환에서 통화량, 금리, 물가, 재고 변동 등이 경기 변동을 초래한다.

그러나 빅 사이클은 다르다. 이는 약 50~100년에 걸쳐 진행되는 장기 부채 사이클이다. 이를 경기 순환 이론에서는 콘드라티예프 파동(Kondratiev Cycle)이라고도 한다. 이 사이클은 단순한 경기 변동이 아니라, 금융 구조·통화 체제·국가 권력의 재편까지 포함한다.

단기 사이클은 주로 재정 및 통화 정책으로 조절된다. 그러나 장기 사이클은 부채의 축적 한계에서 보통 마무리된다. 장기 부채 사이클은 일반적으로 다음과 같은 단계를 거친다.

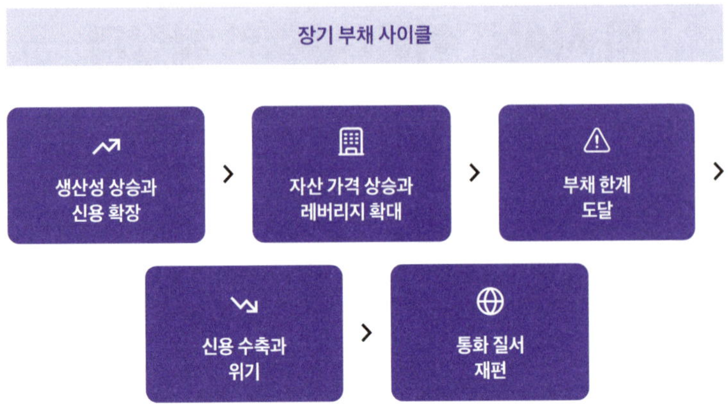


이 과정은 직선이 아니라 파동이고, 각 단계는 수십 년에 걸쳐 이뤄지며 기간은 일정하지 않다.


## 정형화한 부채 사이클●

부채 문제를 장기적으로 연구해온 레이 달리오(Ray Dalio)는 그의 저서(《금융 위기 템플릿(Big Debt Crises)》, 2018)에서 부채 사이클에는 정형화한 패턴이 있다고 주장한다. 우선 그는 신용(credit)은 곧 부채(debt)라 정의한다. 신용은 구매력을 제공하나 상환해야 한다는 의미에서

●　이 부분은 주로 필자의 저서《그레이트 리셋》(2021)에서 인용했다.

　　제1부 ｜ 혁명은 언제나 신용과 함께 온다

부채와 같다는 것이다. 레이 달리오가 제기한 부채 사이클에는 다음과 같은 문제가 존재한다.

첫째, 신용과 부채 증가는 무엇을 생산하는가와 부채가 상환될 수 있는가에 따라 좋은 것일 수도, 나쁜 것일 수도 있다. 즉 차입한 돈이 부채를 상환할 정도의 충분한 소득을 창출할 수 있도록 생산적으로 사용된다면 신용과 부채는 좋은 것이다.

둘째, 달리오는 "부채 위기는 불가피한가"라는 질문을 던지고 답을 했다. 경제정책뿐만 경제주체의 심리에 따라 버블 생성과 붕괴는 늘 있어왔고, 정치인은 신용 수축보다는 확장을 선호하기 때문에 역사적으로 거품이 있었다는 것이다.

셋째, "부채 위기에는 순환이 있는가"라는 질문에 대해서도 돈의 차입과 상환 과정에 일정한 패턴이 있다는 것을 확인했다. 이에 대해서는 다음에 자세히 설명할 것이다.

넷째, 부채 위기가 발생한 후 네 가지 대처 방법이 있었다. ① 긴축정책, ② 파산 및 부채 재조정, ③ 중앙은행의 통화 발행과 자산 매입, ④ 부자에서 가난한 사람으로 돈과 신용 이전이다.

달리오는 부채 위기 후 GDP가 3% 이상 줄어든 48번의 부채 사이클을 조사했다. 결론적으로 부채 위기는 부채를 상환하는 데 필요한 소득보다 부채와 이자가 더 빠르게 증가할 때 발생했다.

위기 후 부채를 조정하는 과정(디레버리징)이 뒤따랐는데, 크게 두 가지 유형이었다. 첫 번째는 디플레이션을 동반한 경기 침체(deflationary depressions)였다. 주로 자국 통화로 발행한 과다한 부채가 위기 원인이었고, 중앙은행의 금리 인하와 구조조정으로 해결되었다. 두 번째는 인플레이션과 동시에 발생하는 경기 침체(inflationary depressions)였다. 이 위기는 주로 신흥국에서 국외 통화(주로 달러)로 부채가 급증했을 경우 발생했다. 이 경우 정책 당국은 인플레이션과 경기 침체를 동시에 해결해야 하는 어려운 문제에 직면했다.

## 부채 사이클의 국면별 특징

달리오는 부채 사이클을 5단계로 구분하여 설명하고 있다. 우선 전체적으로 보면 〈그림 2-1〉에서 볼 수 있는 것처럼 위기(0 시점으로 표시)가 발생하기 5년 전부터 GDP 대비 부채가 빠른 속도로 증가했다. 위기 이후 3년 정도가 부채/GDP 비율이 더 올라갔는데, 위기 후 부채가 크게 증가했다기보다는 경기 침체로 분모에 있는 GDP가 감소했거나 증가세가 둔화되었기 때문이다. 그다음 단계에서는 4년 정도 부채가 감소하는 과정(디레버리징)이 전개되었다.

원리금 상환 비율이 부채 사이클을 더 잘 나타내준다. 이 비율도 위기 전까지 지속적으로 상승한다. 부채 규모 자체도 늘어날 뿐 아니라 이 국면에서 경기 확장 국면으로 금리도 상승하기 때문에 이자 부담이 높아진다. 그러나 위기가 시작되면 중앙은행은 통화 공급을 늘리고 금리를 내린다. 따라서 GDP 대비 원리금 상환 비율이 부채 비율보다 더 빨리 낮아지게 된다.

　　　　　제1부 ｜ 혁명은 언제나 신용과 함께 온다

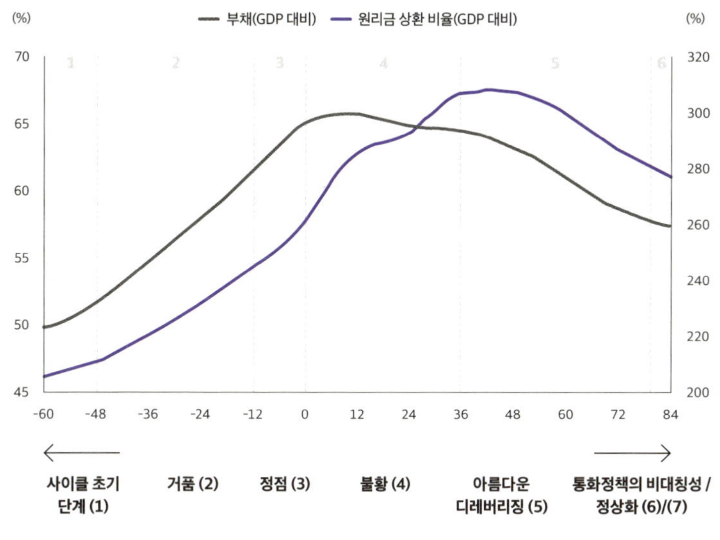


자료: Ray Dalio, *Big Debt Crises*, Part 1: "The archetypal debt cycle"

이제 단계별 특징을 살펴보자.

1단계는 GDP가 부채보다 더 빠르게 성장한다. 부채가 생산적 자원에 투자되면서 소득을 충분히 창출해주기 때문이다. 이 단계에서 기업의 부채 부담은 낮고 재무제표는 건전한 상태를 유지한다. 경제 성장률은 높아지나 물가는 안정되는 이른바 '골디락스' 경제이다.

2단계는 거품이 생성되는 단계이다. 이 시기에는 부채가 소득보다 더 빠르게 늘어난다. 주가 등 자산 가격이 큰 폭으로 상승한다. 가계는 미래를 낙관적으로 내다보면서 소득 이상으로 지출을 늘린다.

돈을 빌려 자산을 매입한다. 기업도 차입한 돈으로 투자를 늘린다. 2단계 후반에 가면, 가계와 기업은 부채 상환이 점차 어려워지고 있다는 것을 깨닫게 된다.

3단계 들어서는 주식시장에 강세장(Bull Market)이 나타난다. 기업 이익이 증가하고 경제성장률도 높아진다. 각 경제주체는 미래를 더 낙관적으로 내다본다. 시장에 신규 진입자도 크게 늘어난다. 이 단계에서 투자자들은 단기로 돈을 빌려 장기 자산에 투자한다. 특히 차입한 돈으로 리스크가 높은 자산에 투자하기도 한다. 국내에서 만족하지 않고 해외 통화를 차입하여 해외 자산에도 투자한다. 후반에 가서는 부채가 GDP의 300% 정도까지 급증하고 원리금 상환 비율이 GDP의 20~25%에 이르러, 부채 상환 능력이 크게 줄어든다.

## 거품의 판단 기준은?

거품은 그것이 꺼지고 나서야 알 수 있다. 의사는 조직검사 등을 통해 암을 진단하고 처방을 내린다. 그러나 거품 진단에는 명확한 방법이 없다. 투자자마다 자산에 기대하는 가격이 다르기 때문이다. 이 시기에 "미친 사람은 아무도 없다"라는 말이 나올 정도로 각 경제주체는 자기가 추정하는 가격이 합리적이라 생각한다.

그러나 레이 달리오는 일곱 가지 기준으로 거품 여부를 판단한

　　　　　제1부 | 혁명은 언제나 신용과 함께 온다

## 표 2-1 | 거품 판단 지표로 본 과거 위기 사례

| | 미국 2007 | 미국 2000 | 미국 1929 | 일본 1989 | 스페인 2007 | 그리스 2007 | 아일랜드 2007 | 한국 1994 | 홍콩 1997 | 중국 2015 |
|---|---|---|---|---|---|---|---|---|---|---|
| ① 가격이 전통적 척도에 비해 높은가? | Yes | Yes | Yes | Yes | Yes | Yes | Yes | Yes | Yes | Yes |
| ② 가격이 미래의 이익을 과대평가하고 있는가? | Yes | Yes | Yes | Yes | Yes | Yes | Yes | Yes | Yes | Yes |
| ③ 투자자들이 높은 레버리지를 활용하여 자산을 매입하고 있는가? | Yes | Yes | Yes | Yes | Yes | Yes | Yes | Yes | N/A | Yes |
| ④ 투자자 혹은 기업이 미래를 과다하게 구매하고 있는가? | Yes | Yes | N/A | Yes | No | Yes | No | Yes | Yes | No |
| ⑤ 시장에 신규 참여자가 증가하고 있는가? | Yes | Yes | N/A | Yes | No | Yes | Yes | Yes | N/A | Yes |
| ⑥ 시장에 낙관적 분위기가 팽배한가? | Yes | Yes | N/A | Yes | No | No | No | N/A | N/A | Yes |
| ⑦ 통화정책 긴축 리스크가 거품을 붕괴시킬 수 있다는 우려가 나오는가? | Yes | Yes | Yes | Yes | No | Yes | No | No | Yes | Yes |

자료: Ray Dalio, *Big Debt Crises*, Part 1: "The archetypal debt cycle"

다. ① 가격이 전통적 척도에 비해 높은가? ② 가격이 미래의 이익을 과대평가하고 있는가? ③ 투자자들이 높은 레버리지를 활용하여 자산을 매입하고 있는가? ④ 투자자 혹은 기업이 미래를 과다하게 구매하고 있는가? ⑤ 시장에 신규 참여자가 증가하고 있는가? ⑥ 시장에 낙관적 분위기가 팽배한가? ⑦ 통화정책 긴축 리스크가 거품을 붕괴시킬 수 있다는 우려가 나오는가?

이런 기준에 따라 과거 10번의 주요 경제(금융) 위기 상황을 보면 예외 없이 자산 가격이 전통적 척도(예를 들면 주식시장 시가총액을 GDP로 나눈 '버핏 지수')에 비해 과대평가되었고, 미래에 대한 낙관으로 자산 가격이 급등했다. 또한 대규모 차입에 의해 자산이 매수되었다. 그 결과가 〈표 2-1〉에 요약되어 있다.

## 부채 사이클의 정점은 어떻게 판단하는가

앞서 살펴본 거품 판단 기준 지표들이 절정에 도달한 다음에 4단계(경기 침체)에 접어든다. 3단계 후반부터 주가가 먼저 하락하기 시작한다. 이때 기업 수익은 증가세를 지속하고 있기 때문에 투자자들은 기대수익에 비해 주가가 저평가되어 있다고 판단하고 주식을 더 사들인다.

그러나 주가는 지속적으로 하락하고 가계의 부(wealth)가 줄어든다. 가계는 점차 소비를 줄이게 된다. 시간이 갈수록 신용평가기관들은 기업의 신용등급을 낮추고 은행은 기업 대출을 줄이거나 환수한다. 주가 하락 폭은 더 커진다. 소비와 투자 감소로 경기는 침체에 빠진다. 은행의 대출 태도 변화로 부채 규모는 줄어들지만 GDP 대비 부채 비율은 더 늘어난다. 분모에 있는 GDP가 감소하기 때문이다.

부채 사이클의 정점이 주가 하락으로 먼저 나타나지만, 채권시장에서도 그 조짐을 미리 관찰할 수 있다. 장단기 금리 차이의 역전이다. 보통의 경우라면 주로 기간 프리미엄 때문에 장기금리가 단기금리보다 더 높다. 기간에 따른 금리를 연장한 선인 수익률 곡선(yield curve)이 우상향한다는 것이다. 그런데 경기 침체가 예상되면 오히려 단기금리가 더 높아진다. 수익률 곡선이 역전되는 셈이다. 기간에 따라 다르지만 미국의 경우 수익률 곡선이 역전된 후 1~2년 이내 경기 침체가 왔다.

경기 침체 다음은 구조조정 단계이다. 부실 기업이 파산하면서 고용이 줄고 소비도 위축되면서 경제성장률이 마이너스로 추락한다. 이때 정책 당국은 과감한 재정 및 통화 정책으로 대응한다. 특히 중앙은행이 금리를 내리고 통화 공급을 늘려 경기를 부양한다. 경기 침체 정도가 약하다면 금리 인하의 효과가 시차를 두고 나타나 자산 가격 상승과 가계 부의 증가를 초래한다. 이자 상환 부담이 줄어 생존 기업이 다시 투자를 늘릴 계획을 세운다. 그래서 경기가 다시 회복 국면에 접어들게 되는데, 달리오는 이를 5단계 '아름다운 디레버리징(Beautiful Deleveraging)'이라 표현했다.

# 1929년, 레버리지의 정점과 통화 수축의 참사

1920년대 미국은 기술 혁명의 진원지였다. 전기는 실험실을 벗어나 공장을 24시간 가동시키는 산업의 혈관이 되었고, 도시의 밤을 낮으로 바꾸었다. 자동차는 공간의 경제를 재정의했다.

헨리 포드의 조립 라인은 생산 단가를 혁명적으로 낮추었고, 대량생산은 대량소비를 가능하게 했다. 라디오와 가전제품은 가계의 시간을 바꾸었다. 정보는 더 빠르게 이동했고, 광고는 전국적 소비문화를 창조했다.

## 1920년대 후반 신용 증가로 거품 발생

이 모든 변화는 실재했다. 1920년대 미국 산업생산은 뚜렷한 상승 추세를 보였고, 도시 인구와 소비지출은 확대되었다. 낙관은 환상이 아니었던 것이다.

문제는 낙관의 존재가 아니라 낙관이 가격에 반영되는 방식이었다. 자산 가격의 상승 속도가 실물경제 성장 속도를 넘어섰다. 가격은 미래를 현재로 끌어당기기 시작했다. 1921년 8월 67이었던 다우존스 산업평균지수는 1929년 9월 380을 넘어서면서 8년 만에 약 6배 상승했다. 같은 기간 미국의 산업생산지수가 1.5배 증가했던 것과 비교해보면, 단순한 경기 회복을 넘어선 시대적 강세장이었다.

물론 경제 성장에 따라 기업 이익도 증가했다. 그러나 후반으로 갈수록 주가지수 상승의 상당 부분은 이익 증가가 아니라 기대의 확대, 즉 멀티플 상승(PER 확장)에서 나왔다. 시장은 미래 성장을 '가정'이 아니라 '확신'으로 가격에 반영했던 것이다.

문제는 그 확신이 점점 더 많은 신용을 필요로 했다는 점이다. 가격 상승의 연료는 현금흐름이 아니라 차입 자금이었다.

1920년대 후반 증거금 거래는 대중화되었다. 투자자는 주식 가격의 일부만 자기자본으로 지불하고 나머지는 차입으로 충당했다. 일부 경우 초기 증거금은 10% 수준까지 낮아졌다. 이는 10배 레버리지와 유사한 구조다. 주가가 상승하는 동안 레버리지는 수익을 증폭시켰다. 10%의 상승은 자기자본수익률을 수십 퍼센트로 바꾸었다. 이 경험은 더 많은 투자자를 시장으로 끌어들였다.

그러나 레버리지에는 대칭성이 없다. 가격이 하락하면 담보 가치가 줄어들고 마진콜이 발생한다. 마진콜은 선택이 아니다. 강제 청산이다. 청산은 매도 물량을 증가시키고 매도는 가격을 더 떨어뜨린다. 하락은 또 다른 마진콜을 부른다. 상승기에는 보이지 않던 구조가 하락기에는 기하급수적으로 작동한다. 1929년 10월, 폭락은 공포 때문만이 아니었다. 시장 구조가 이미 하락을 증폭시키도록 설계되어 있었기 때문이다. 1932년 6월에는 다우지수가 43까지 폭락했다.

## 대공황은 결국 통화 붕괴로 이어져

주가 폭락은 시작에 불과했다. 진짜 참사는 그 이후였다. 1929년부터 1933년 사이, 미국의 통화 공급은 급격히 줄어들었다. 밀턴 프리드먼(Milton Friedman)과 애나 슈워츠(Anna Schwartz)는 《미국 통화사, 1867–1960(A Monetary History of the United States, 1867-1960)》에서 이 시기를 '대수축(The Great Contraction)'이라 불렀다. 그들에 따르면 1929년부터 1933년까지 통화량(M2 기준)은 약 25~30% 감소했다. 이는 현대 미국 역사상 가장 급격한 통화 수축이었다.

이 숫자가 의미하는 바는 단순한 긴축이 아니다. '돈이 비싸졌다'는 정도가 아니라 경제 시스템 안의 화폐 자체가 사라지고 있었다는 뜻이다. 통화 수축은 다음과 같은 경로로 진행되었다.

     제1부 | 혁명은 언제나 신용과 함께 온다

1930년부터 1933년까지 약 9,000개 이상의 은행이 문을 닫았다는 추정도 있다. 은행은 단순한 금융기관이 아니다. 그들은 통화를 창출하는 기관이다. 은행이 파산한다는 것은 단지 기업 하나가 사라지는 것이 아니라 예금이라는 통화가 함께 증발한다는 의미다.

당시 미국은 금본위제(gold standard) 체제하에 있었다. 연준은 통화를 충분히 공급하지 못했다. 금 유출을 우려해 금리를 공격적으로 낮추지 못했고, 유동성 공급도 제한적이었다. 그 결과 통화 수축은 자기 강화적이 되었다.

통화가 줄어들면 물가는 하락한다. 실제로 미국 도시 임금근로자·사무직 근로자 소비자물가지수가 1929~1933년 사이 23.3%나 하락했다.

디플레이션은 부채의 실질 가치를 상승시킨다. 100달러를 빌린 사람은 명목상 같은 100달러를 갚으면 되지만, 물가가 23% 하락하면 그 부담은 실질적으로 123달러를 갚는 것과 유사하다.

이것이 '부채 디플레이션(debt deflation)'이다. 어빙 피셔(Irving Fisher)는 이를 대공황의 핵심 메커니즘으로 설명했다. 즉 '기업 부채 부담 증가 → 기업 파산 증가 → 은행 부실 확대 → 신용 위축 → 통화 감소'는 경기 침체 폭을 더욱 깊게 만들었다. 1929년 7월에서 1932년 7월 사이에 산업생산이 53.6%나 감소했다. 1933년 미국 실업률은 약 25%에 달했다.

벤 버냉키(Ben S. Bernanke) 전 연방준비제도이사회 의장과 로버트 프랭크(Robert H. Frank)가 공동 집필한 《경제학 원론(Principles of Economics)》을 보면 '신발공장 이야기'가 나온다. 여기에 나오는 할머니와 손자의 대화 내용이다.

할머니: "1930년대 중반이었지. 우리 부모들은 아이들에게 새 신발 한 짝을 사줄 수 있는 게 행복이었지. 당시 많은 아이들이 신발이 찢어질 때까지 신어야 했고, 몇몇 불운한 아이들은 맨발로 학교에 다녀야 했단다."

손자: "왜 그들의 부모들은 신발을 사주지 않았죠?"

할머니: "살 수가 없었단다. 돈이 없었지. 대부분의 아버지들은 대공황 때문에 직장을 잃었단다."

손자: "어떤 직장을 가지고 있었는데요?"

할머니: "신발공장에서 일했는데, 공장이 문을 닫아야만 했지."

   제1부 | 혁명은 언제나 신용과 함께 온다

손자:　"왜 공장이 문을 닫아야 했나요?"

할머니:　"왜냐하면 아무도 신발을 살 돈이 없었기 때문이지."

손자:　"신발공장이 문을 열어 아이들에게 매우 필요했던 신발을 생산하면 되잖아요."

할머니:　"세상일이 그렇게 돌아가지 않았단다…."

1930년대 대공황은 단순한 금융위기가 아니었다. 이는 신용 체계의 붕괴였고, 통화 체제의 한계가 드러난 사건이었다. 결국 1933년 미국은 금본위제를 사실상 포기한다. 위기는 통화 체제의 전환으로 마무리되었다.

## 대공황의 교훈

1930년대의 대공황은 다음 페이지의 그림과 같은 과정을 거쳤다.

위기의 원인은 기술이 아니었다. 기술을 먹고 자란 신용이었다.

대공황은 우리에게 세 가지를 교훈을 주었다.

첫째, 레버리지는 상승을 증폭시키지만 붕괴도 증폭시킨다.

둘째, 부채 경제에서 통화 수축은 치명적이다.

셋째, 위기의 마지막은 종종 통화 체제의 변화로 이어진다.

AI 혁명은 1920년대와 유사한 생산성 기대를 낳고 있다. 기업 이익은 실제로 개선될 수 있다.

그러나 자산 가격은 이미 미래의 상당 부분을 선반영하고 있다.

지금은 금본위제가 아니다. 중앙은행은 유동성을 공급할 수 있다. 그러나 인플레이션율은 높은 수준이고, 정부 부채는 역사적 고점에 가깝다. 통화 및 재정 정책의 여지가 많지 않다.

대공황이 남긴 가장 중요한 교훈은 '가격 붕괴보다 무서운 것은 신용 붕괴이고, 신용 붕괴보다 깊은 것은 통화 수축이다.'

# 제4장

# 2000년, 인터넷은 살아남았지만 투자자는 사라졌다

## IT 혁명으로 생산성 대폭 증가

1990년대 후반은 역사상 가장 빠른 기술 확산기 중 하나였다. 월드와이드웹의 대중화, 개인용 컴퓨터 보급 확대, 전자상거래의 등장, 이메일과 검색 서비스의 확산 등으로 1995년 이후 인터넷 사용자 수는 기하급수적으로 증가했다. 1990년대 중반 수천만 명 수준이던 사용자는 2000년 전후 수억 명으로 확대되었다.

생산성 통계 역시 대폭 개선되었다. 1995~2000년 미국 노동생산성 증가율은 연평균 2.9%로 그 이전 25년 평균(1.5%)보다 높은 수준을 기록했다.

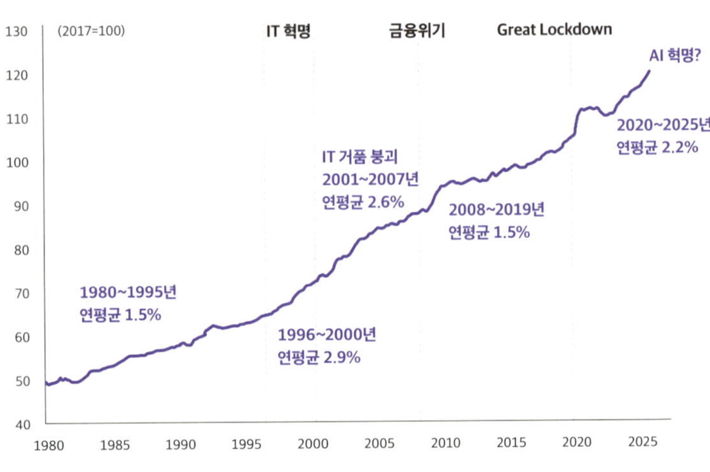


자료: 미 노동부



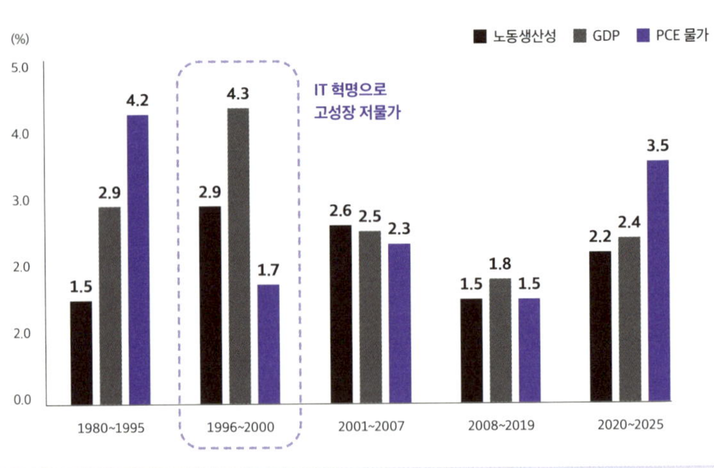


자료: Federal Reserve Economic Data

한 나라 경제에서 생산성이 증가하면, 그 나라의 공급 곡선이 우측으로 이동한다. 이 경우 생산은 늘어나고 물가상승률은 낮아진다. 실제로 1996~2000년 미국의 연평균 실질 GDP 성장률은 4.3%로 매우 높았던 반면, 개인소비지출 물가상승률은 1.7%에 그쳤다. 이 시기에 미국 경제가 고성장과 저물가를 동시에 달성한 셈이다. 당시 일부 경제학자들이 이런 경제를 '신경제(New Economy)' 혹은 '골디락스 경제(Goldilocks Economy)'라 부를 정도였다.

정보기술(IT) 혁명은 허상이 아니라, 실제로 경제뿐만 아니라 사회 전반에 걸쳐 큰 영향을 주었던 것이다.


## 나스닥의 급등

기술기업이 집중된 나스닥 지수는 1995년부터 2000년 3월까지 급등했다. 1995년 1월 2일 751.96이었던 나스닥 지수가 2000년 3월 10일에는 5,048.62로 571.4%나 상승했다. 이 시기 투자자들은 미국 경제를 '신경제'로 인식하고 주식시장에 매우 낙관적 견해를 가졌다. 기존의 이익과 현금흐름 기준은 구시대적 잣대로 받아들일 정도였다.

2000년 초 나스닥의 주가수익비율(PER)은 80~100으로 매우 높은 수준에 도달했다. 일부 기업은 이익이 없었기 때문에 PER 계산조차 불가능했다. 기업 가치는 페이지뷰 수, 가입자 수, 웹 트래픽 등으로 평가되었다. 현금흐름은 부차적 요소였고, 자산 가격은 미래 성장 기대를 극단적으로 할인했다.

1999년과 2000년은 기업공개(IPO)의 정점이었다. 기술기업의 신규 상장은 급증했고, 상장 첫날 주가 급등은 일상이 되었다. 벤처캐피털 자금 역시 폭증했다. 1990년대 초반과 비교하면 2000년 전후 투자 규모는 수배로 확대되었다. 자본의 공급 속도는 기업의 수익 창출 속도를 훨씬 앞질렀다. 이것이 닷컴 버블의 본질이다.

## 금리 인상과 나스닥 붕괴

1999년에서 2000년으로 넘어가던 미국 경제는 겉으로 보기에 거의 이상적인 상태에 가까웠다. 실업률은 4% 아래로 떨어져 완전고용에 근접했고, GDP 성장률은 4%대를 기록했다. 무엇보다 IT 혁명이 생산성을 끌어올리고 있다는 믿음이 확산되었다. 인터넷은 단순한 신기술이 아니라 산업 구조를 바꾸는 플랫폼으로 인식됐고, '닷컴'이라는 이름만 붙으면 기업 가치는 눈덩이처럼 불어났다. 나스닥 지수는 1999년 한 해에만 86% 급등했고, 실적이 없거나 적자인 기업조차 미래의 트래픽과 점유율을 근거로 천문학적 시가총액을 인정받았다. 시장에는 "이번에는 다르다"는 구호가 울려 퍼졌다.

그러나 워싱턴의 연방준비제도(Fed)가 본 풍경은 달랐다. 당시 의장 앨런 그린스펀(Alan Greenspan)은 이미 1996년 '비이성적 과열

(irrational exuberance)'이라는 표현으로 자산시장에 경고를 보낸 바 있다. 1998년 러시아 디폴트와 롱텀캐피털매니지먼트(LTCM) 사태로 금융 시스템이 흔들리자 Fed는 긴급히 금리를 인하하며 유동성을 공급했다. 위기는 진정되었지만, 그 후폭풍으로 풍부해진 자금은 주식시장, 특히 기술주로 몰려들었다. 통화 완화의 잔여 효과가 자산 가격을 밀어 올리고 있다는 판단이 연준 내부에서 힘을 얻었다.

경제지표 역시 안심하기 어려웠다. 실업률이 낮아지면서 임금 상승 압력이 감지됐고, 자산 가격 상승이 소비를 자극하는 '부의 효과'도 뚜렷해졌다. 당시 물가상승률은 통제 가능한 범위에 있었지만, 연준은 선제적 대응을 택했다. 인플레이션이 실제로 폭발한 뒤 대응하기보다는, 기대 인플레이션이 고착되기 전에 금리를 올려 수요를 식히겠다는 전략이었다. 동시에 이는 1998년 위기 대응을 위해 낮췄던 금리를 정상화하는 과정이기도 했다.

이렇게 해서 1999년 5월 4.75%였던 연방기금금리는 인상 사이클에 들어갔다. 1999년 하반기와 2000년 초까지 여러 차례 인상이 이어졌고, 2000년 3월에는 6.50%에 도달했다. 불과 10개월 남짓한 기간에 1.75% 포인트를 올린 셈이다. 명분은 물가 안정과 경기 과열 억제였지만, 결과적으로는 자산시장에 대한 강력한 제동이었다.

금리는 자산 가격의 할인율이다. 특히 당시 나스닥 기업들의 가치는 먼 미래의 성장 스토리에 기반해 있었다. 이익이 거의 없거나 마이너스인 기업들은 '장기 성장'이라는 가정이 흔들리는 순간 취약해질 수밖에 없었다. 금리가 오르자 미래 현금흐름의 현재 가치는

자료: 블룸버그

급격히 낮아졌다. 여기에 투자 심리가 꺾이면서 신규 자금 유입이 둔화되었다. 2000년 3월 10일 나스닥 지수는 5,048.62를 정점으로 방향을 틀었고, 이후 2002년 10월 9일에는 1,114.11로 무려 77.9%나 폭락했다. 이 사이에 많은 인터넷 기업은 파산하거나 상장 폐지되었다.

흥미로운 점은 2000년의 위기가 은행 시스템 붕괴로 이어지지는 않았다는 사실이다. 레버리지의 중심이 가계나 은행이 아니라 주식시장에 있었기 때문이다. 거품은 컸지만, 금융 시스템 전체를 마비시키는 구조는 아니었다. 그래서 2000년은 '가격 버블의 붕괴'로 기록된다. 반면 다음 장에서 살펴보겠지만, 2008년 금융위기는 레버리지와 신용 구조가 붕괴하면서 실물경제까지 깊이 침체시켰다.

결국 1999~2000년의 금리 인상은 단순한 통화정책 조정이 아니라, 과열된 기대에 대한 경고였다. 기술 혁명은 실제였지만, 가격은 현실을 앞질러 있었다. 연준은 인플레이션과 거품을 동시에 경계했고, 그 선택은 단기적으로 시장의 급락을 초래했다. 당시의 교훈은 분명하다. 경제가 아무리 '새로운 시대'에 진입한 듯 보일지라도, 통화정책과 금리라는 변수는 자산 가격을 지배하는 기본 축이다. 거품은 내부에서 자라나지만, 그것을 터뜨리는 방아쇠는 종종 금리라는 외부 충격에서 당겨진다.

## 닷컴 버블의 구조적 특징

2000년 위기는 세 가지 특징을 가진다. 첫째, 과도한 자본 투입, 둘째, 낮은 금융 시스템 레버리지, 셋째, 통화정책 여력의 존재다. 이 위기는 자산 가격의 붕괴였지, 신용 시스템의 붕괴는 아니었다. 그래서 실업률은 상승했지만 1930년대 대공황 수준에는 이르지 않았다. 금융 시스템은 흔들렸으나 무너지지 않았다. 은행은 연쇄 파산에 빠지지 않았고, 통화 공급은 급격히 수축하지 않았다. 연방준비제도는 금리를 인하할 수 있었고, 실제로 2001년 이후 빠르게 완화로 전환했다. 침체는 있었지만, 시스템은 유지되었다.

닷컴 버블의 본질은 기술의 진위가 아니었다. 인터넷은 살아남았다. 전자상거래는 이후 일상이 되었고, 검색과 클라우드 산업은 10년 뒤 세계 경제의 핵심 인프라로 성장했다. 실패한 것은 기술이 아니라 자본 배분의 속도였다. 수익화 이전에 자본이 과도하게 투입되었다는 점, 바로 그것이 핵심이었다.

자본의 속도가 수익의 속도를 앞질렀다.

투자자들은 미래의 독점적 지위를 현재 가치로 환산했다. '점유율 확보 후 수익화'라는 논리는 무한히 확장되었고, 이익이 없는 기업도 매출 증가율만으로 고평가를 받았다. IPO는 자본 조달이 아니라 차익 실현의 수단이 되었고, 기업 가치는 실적이 아니라 스토리의 설득력에 의해 결정되었다. 그러나 기술의 확산은 물리적 인프라, 소비자 습관, 네트워크 형성이라는 시간의 축을 필요로 한다. 그 시간의 간극이 균열이 되었고, 금리 인상이라는 외부 충격이 방아쇠가 되었다.

이 현상은 장기 부채 사이클의 후반부에서 반복된다. 확장 국면이 길어질수록 자산 가격은 낙관을 과도하게 반영하고, 신용은 점진적으로 확대되며, 자본은 속도를 높인다. 그러나 실물의 수익 창출 속도는 구조적 제약을 받는다. 생산성은 상승하더라도 현금흐름이 체계화되기까지는 시간이 필요하다. 자본은 시간을 압축하려 하고, 시장은 미래를 현재로 당겨 평가한다. 그 불균형이 가격 조정이라는 형태로 드러난다.

1929년과 2000년의 차이는 여기에서 분명해진다. 1929년은 높은 레버리지, 금본위제라는 경직된 통화 체제, 심각한 통화 수축이

  제1부 | 혁명은 언제나 신용과 함께 온다

결합된 국면이었다. 자산 가격 하락은 약 90%에 달했고, 은행 시스템이 붕괴하면서 신용이 증발했다. 실업률은 20%를 넘었고, 경제는 장기 침체에 빠졌다. 이는 가격 조정이 아니라 시스템 붕괴였다.

반면 2000년은 레버리지가 상대적으로 낮았다. 가계와 은행의 부채 구조는 2008년과 달리 과도하지 않았다. 법정화폐(fiat currency) 체제하에서 연준은 통화 공급을 유지하고 금리를 인하할 수 있었다. 나스닥이 약 80% 하락했지만, 금융 시스템은 유지되었다. 2000년은 시장이 스스로의 기대를 수정한 사건이었고, 1929년은 금융 구조 자체가 붕괴한 사건이었다.

## 닷컴 버블 붕괴의 교훈

이제 우리는 AI라는 또 다른 기술 혁명 앞에 서 있다. AI는 인터넷보다 더 광범위한 산업 적용 가능성을 가진다. 제조, 금융, 법률, 의료, 물류까지 영향을 미친다. 자동화의 범위는 과거보다 깊고 넓다. 그러나 그에 상응하는 자본지출(CAPEX) 규모 역시 훨씬 크다. 데이터센터, GPU, 전력 인프라, 클라우드 설비에 투입되는 자본은 1990년대 통신망 투자보다 방대하다. 시장은 이미 생산성 혁명을 가격에 반영하고 있다.

만약 AI 기업의 수익화 속도가 기대에 미치지 못한다면, 자본의 속도는 다시 문제로 등장할 수 있다. 기업 가치가 미래 10년의 성장률을 선반영한 상태라면, 성장률의 작은 둔화도 밸류에이션을 크게 흔들 수 있다. 다만 핵심은 레버리지다. 금융 시스템 레버리지가 낮다면 조정은 자산 가격 수준에 머물 가능성이 높다. 반대로 AI 인프라 투자와 사모대출, 구조화 상품이 깊게 결합되어 있다면 이야기는 달라진다. 현금흐름 둔화가 신용 경색으로 이어질 경우, 가격 조정은 금융 시스템 불안으로 확산될 수 있다. 이를 8~11장에서 자세히 살펴볼 것이다.

2000년이 남긴 교훈은 단순하지만 깊다. 기술은 살아남는다. 자본은 과도해질 수 있다. 자산 가격은 기대를 과대평가한다. 혁명은 현실이지만, 가격은 언제나 시간보다 앞서 달린다. 위기는 기술의 실패가 아니라, 시간과 기대의 불균형에서 발생한다. 그리고 그 균열은 언제나 자본의 속도가 수익의 속도를 앞지르는 순간에 시작된다.

# 제5장

# 2008년, 신용이 멈추는 순간, 체제가 흔들린다

2008년 금융위기는 흔히 '서브프라임 모기지(Subprime Mortgage) 위기'로 불린다. 그러나 이러한 명명은 위기의 발화 지점을 설명할 뿐, 위기의 구조적 본질을 충분히 포착하지는 못한다. 서브프라임은 도화선이었지만, 폭발을 일으킨 것은 신용 네트워크의 동시적 붕괴였다. 주택 가격 하락은 촉매였고, 시스템을 마비시킨 것은 신뢰의 정지였다.

금융 시스템은 가격 위에 세워져 있지 않다. 그것은 신용 위에 세워져 있다. 가격은 흔들려도 회복될 수 있다. 그러나 신용이 멈추면 순환이 멈춘다. 2008년은 바로 그 순환이 멈춘 순간이었다.

## 저금리 환경과 위험의 재구성

닷컴 버블 붕괴 이후 미국 경제는 투자 급락과 기업 부문의 디레버리징을 경험했다. 2001년 경제성장률(실질 GDP 기준)은 1.0%로 9·11 테러가 있었던 1991년(-0.1%) 이후 가장 낮았다. 이에 대응하여 연방준비제도는 공격적인 통화 완화 정책을 단행했다. 2000년 12월 6.5%(상한선 기준)였던 연방기금금리는 2003년 6월 1.0%까지 인하되었다. 이는 역사적으로도 매우 낮은 수준이었다.

금리는 단순한 경기 조절 수단이 아니다. 그것은 자산 가격의 할인율이며, 위험 인식의 기준점이다. 할인율이 낮아지면 미래 현금흐름의 현재 가치는 상승한다. 자산 가격은 구조적으로 상승 압력을 받는다. 장기간 지속된 저금리는 투자자와 금융기관 모두에게 위험 자산으로의 이동을 합리적 선택처럼 보이게 만들었다. 수익률 추구(search for yield)는 일시적 현상이 아니라 제도화된 구조가 되었다.

여기에 글로벌 자본 흐름이 결합되었다. 2000년대 중반 미국은 대규모 경상수지 적자를 기록했다. 반면 중국, 일본, 산유국 등은 막대한 외환보유액을 축적했다. 특히 중국은 2001년에서 2007년 사이에 미국과의 무역에서 1조 2,512억 달러 흑자를 기록했고, 이 중 일부(3,990억 달러)를 미 국채에 투자했다. 이 자금은 미국 금융시장으로 유입되며 장기금리를 낮게 유지했다. 단기금리는 인상되었지만, 장기금리는 안정적이었던 이유다. 이 괴리는 대출 확대를 더욱 촉진했다.

이른바 '글로벌 저축 과잉(global savings glut)'은 미국 금융시장의 레버리지를 지탱하는 보이지 않는 동력이었다.

## 주택: 자산이자 신용 창출의 플랫폼

2000년에서 2006년 사이 미국 20대 도시 주택 가격은 104% 상승 (케이스-실러 20대 도시 기준)했다. 이는 단순한 자산 가격 상승이 아니었다. 주택은 신용 창출의 담보였고, 가격 상승은 차입 확대의 정당성이었다.

주택 가격이 상승하면 가계의 순자산이 늘어난다. 주택 가격과 더불어 주가 상승으로 미국 가계의 순자산이 2000년 말 44조 4,889억 달러에서 2007년 말에는 69조 8,880억 달러로 1.6배 증가했다. 순자산 증가는 추가 차입 여력을 만든다. 차입은 소비와 투자를 확대한다. 이는 다시 경제 성장과 자산 가격 상승으로 연결된다. 이 과정은 자기 강화적이다.

그러나 이 상승은 소득 증가와 동행하지 않았다. 가처분소득 대비 가계 부채 비율은 2000년 98.1%에서 2006년 134.6%로 급증했다. 1990년대 평균 7.2%였던 가계저축률이 2005년에 2.3%(2005년 6월 1.4%로 사상 최저치)로 급락했다. 소비는 소득이 아니라 자산 가격 상승에 의존하기 시작했다.

이 시점에서 금융 구조는 하이먼 민스키(Hyman Minsky)가 말한

'헤지 금융'에서 '투기 금융', 그리고 '폰지 금융' 단계로 이동하고 있었다.

참고로 민스키는 금융 구조를 세 단계로 구분했다.

### ① 헤지 금융(Hedge Finance)

차입자가 현금흐름으로 원금과 이자를 모두 상환 가능.

1990년대 미국의 전통적 모기지 구조는 대체로 여기에 속했다.

### ② 투기 금융(Speculative Finance)

이자만 상환 가능하며, 원금은 차환에 의존.

2000년대 초반, 변동금리 모기지(Adjustable-Rate Mortgages, ARM)가 확산되면서 이 구조가 확대되었다.

차입자는 낮은 초기 금리로 이자를 감당할 수 있었지만, 원금 상환은 장기적 집값 상승에 기대었다.

### ③ 폰지 금융(Ponzi Finance)

이자조차 현금흐름으로 감당하지 못하고, 자산 가격 상승에 전적으로 의존.

2004~2006년 일부 서브프라임 시장은 이 단계에 근접했다. 당시 소득 검증 없이 대출이 만연했다.

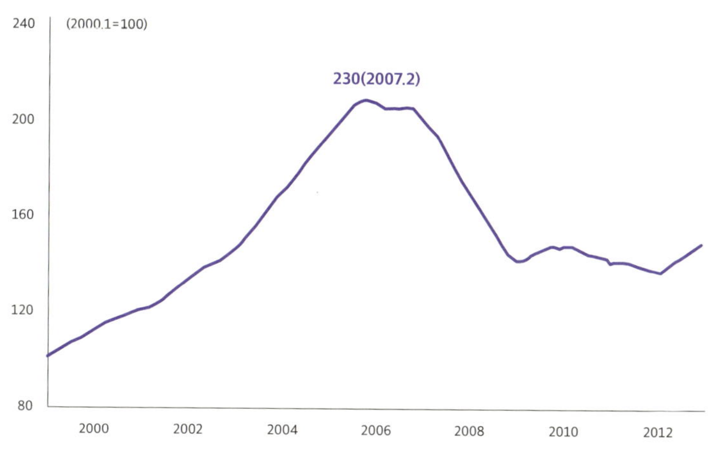


자료: 블룸버그

## 보유에서 이전으로: 금융 구조의 질적 전환

2008년 위기의 독특함은 부채가 단순히 증가한 것이 아니라, 복잡하게 구조화되었다는 점이다.

전통적 은행 모델은 대출을 보유하는 구조였다. 은행은 차입자의 신용을 평가하고, 대출을 자산으로 유지하며, 손실을 직접 부담했다. 그러나 2000년대 초반부터 '보유에서 이전(originate-to-distribute)'으로 모델이 확산되었다.

모기지 대출은 증권화되어 주택저당채권(MBS)으로 전환되었다.

이 MBS는 다시 CDO *로 재구성되었다. 트랜치 구조는 손실을 계층적으로 흡수하는 것처럼 보였다. AAA 등급은 안전의 상징이 되었다.

　*　CDO는 Collateralized Debt Obligations, 즉 '담보부 채무증권'이다. 여러 개의 부채 자산을 모아 하나의 풀(pool)을 만들고, 그 풀에서 발생하는 현금흐름을 계층적으로 재구성하여 투자자에게 판매하는 구조다. 담보 자산은 모기지 대출, 회사채, 자동차 대출, 신용카드 채권 등으로 다양할 수 있다. 2000년대 중반에는 특히 서브프라임 모기지 기반 MBS가 핵심 재료였다.

그러나 위험은 제거되지 않았다. 그것은 시스템 전체로 재배치되었다. 은행, 투자은행, 보험사, 연기금, 해외 금융기관은 동일한 기초 자산에 직간접적으로 노출되었다. 상호 연결성은 효율성을 높였지만, 동시에 시스템 리스크를 증폭시켰다.

신용평가 모델은 주택 가격의 전국적 동시 하락 가능성을 거의 배제했다. 지역 간 상관관계가 낮다는 가정이 모든 계산의 기반이었다. 그러나 위기 상황에서 상관관계는 급등한다. 분산된 줄 알았던 위험은 사실상 동일 방향에 노출된 집단적 베팅이었다.

2007년 3월 이후 주택 가격이 하락하기 시작하자 차환이 어려워졌고, 연체율이 상승했다. 2006년 12월 4.95%였던 연체율이 2010년 3월에는 10.06%까지 올랐고, 서브프라임 대출 연체율은 같은 기간 13.33%에서 27.21%까지 급증했다. 서브프라임 대출자의 거의 3분의 1이 대출을 상환하지 못한 것이다. 이에 따라 MBS 가치도 하락했다.

　　　　　　　　

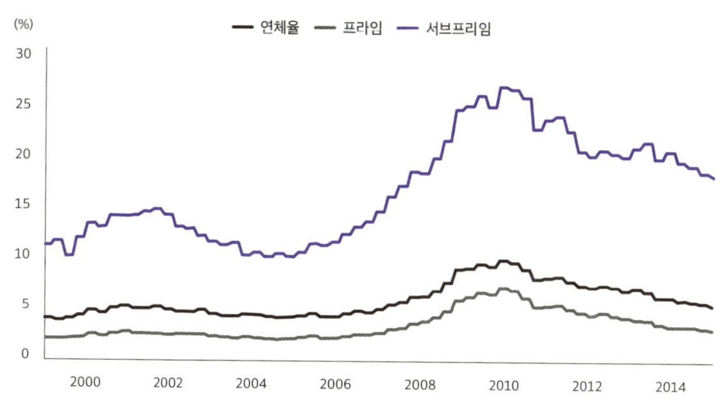



자료: 블룸버그

## 레버리지의 집중: 시스템 중심의 취약성

1990년대 중반 GDP 대비 약 65% 수준이었던 가계 부채는 2007년 98%를 넘어섰다. 1990년대 평균 7% 이상이던 가계저축률은 2005년 2%대로 급락했다. 부채는 소득을 초과했다.

겉으로는 안정적이었다. 실업률은 낮았고, 물가는 통제되었으며, 신용 스프레드는 역사적 저점에 근접했다. 그러나 이 안정은 부채에 의해 유지된 안정이었다.

민스키의 통찰은 여기서 빛난다. 안정이 지속되면 위험 인식은 둔화한다. 위험 인식이 둔화하면 레버리지는 확대된다. 레버리지가 확대되면 금융 구조는 점차 취약해진다. 이 취약성은 외부 충격이 아니라 내부 동학의 산물이다.

2008년의 핵심은 레버리지의 위치였다. 1929년에는 개인 투자자가 레버리지의 중심이었다. 2008년에는 대형 금융기관이 중심이었다. 일부 투자은행은 자기자본 대비 30배 이상의 자산을 보유했다. 이는 자산 가격이 3~4% 하락하면 자본이 소진되는 구조였다.

레버리지 30배는 안정된 환경에서는 효율적이다. 그러나 변동성이 상승하는 순간, 그것은 파괴적이다.

이러한 자기 강화적 과정이 바로 민스키 모멘트다.

## 위기의 본질: 신용의 정지

위기 이전 LIBOR-OIS 스프레드는 10bp 내외였다. 이는 은행 간 단기 자금시장이 원활히 작동하고 있음을 의미했다. 그러나 2008년 10월, 스프레드는 350bp 이상으로 급등했다. 이는 단순한 금리 상승이 아니었다. 은행 간 신뢰의 붕괴였다. 은행은 서로에게 자금을 빌려주지 않았다. 유동성은 시스템 내부에서 정체되었다.

가격은 조정될 수 있다. 그러나 신용이 멈추면 체제가 흔들린다. 2000년이 가격의 붕괴였다면, 2008년은 신용의 붕괴였다.

## 통화정책과 빅 사이클의 전환

2008년 이후 연준은 전례 없는 조치를 취했다. 연준은 2007년 5월 5.00~5.25%였던 기준금리를 2008년 12월에는 0.00~0.25%까지 인하했다. 이도 모자라 연준은 대규모 양적 완화(Quantitative Easing,

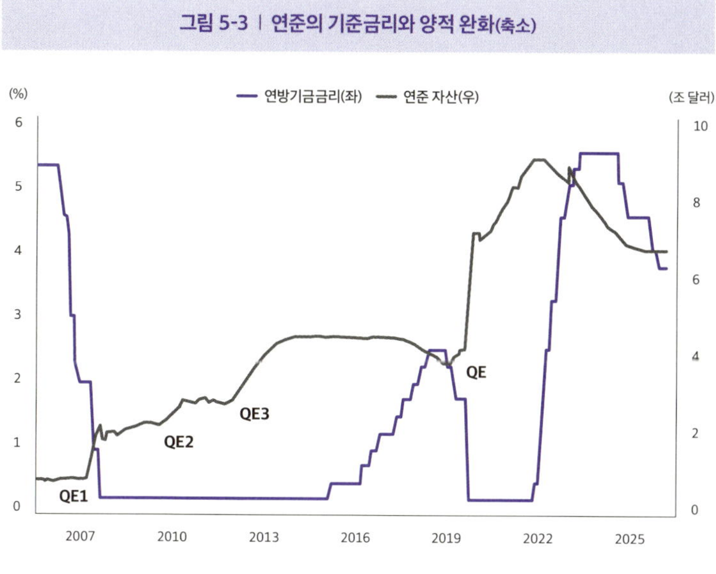

그림 5-3 ㅣ 연준의 기준금리와 양적 완화(축소)



자료: 미 연준

QE)를 단행했다. 연준이 돈을 찍어내 시장에서 국채와 모기지 채권을 사들였다. 그 결과 2007년 말 8,900억 달러였던 연준 자산이 2009년 말에는 2조 2,341억 달러로 2.5배 증가했다.

이 조치는 시스템 붕괴를 막았다.

그러나 부채는 이동했다. 민간 부채의 일부는 공공 부채로 이전되었다. 정부의 재정 부담은 구조적으로 확대되었다. 박 사이클(Big Cycle) 관점에서 2008년은 장기 부채 사이클의 ④단계였다. 통화 확장은 ⑤단계로의 전환을 의미했다. 그러나 이는 균형의 회복이 아니라, 구조적 부담의 이전이었다.

부채는 소멸하지 않는다. 그것은 다른 주체의 대차대조표로 이동할 뿐이다.


## 1929·2000·2008: 위기의 성격 차이

1929년은 금본위제 체제하에서 통화 수축이 심화된 위기였다. 2000년은 자산 가격 조정이었지만 신용 시스템은 유지되었다. 2008년은 신용 시스템이 붕괴 직전까지 갔던 위기였다.

차이를 만든 것은 통화 체제였다.

법정화폐 체제와 중앙은행의 적극적 개입은 1929년과 다른 결말을 가능하게 했다. 그러나 개입은 비용을 남겼다.

이 내용은 다음 장에서 자세하게 다룬다.


     

## 2008년 위기의 교훈

2008년은 세 가지 교훈을 남겼다.


첫째, 보이지 않는 레버리지는 가장 위험하다.

둘째, 신용 네트워크는 가격보다 빠르게 붕괴한다.

셋째, 중앙은행은 마지막 방어선이지만, 정책 여력은 유한하다.


오늘의 세계는 2008년과 동일하지 않다. 그러나 사모신용시장의 확대, 대규모 인프라 차입, 알고리즘 기반 자금 이동은 신용 네트워크를 더욱 복잡하게 만들고 있다.

자산 가격 하락은 조정일 수 있다. 그러나 신용 스프레드가 급등하고 자금 순환이 멈춘다면, 그 순간 문제는 시장이 아니라 체제가 된다.

2008년은 말한다.

가격이 떨어질 때는 시장이 흔들린다.

신용이 멈출 때는 체제가 흔들린다.

그리고 체제의 균열은 언제나 내부에서 시작된다.

# 제6장

# 1929·2000·2008: 세 번의 붕괴, 하나의 구조

## 위기는 다르지만 구조는 반복된다

앞서 우리는 1929년, 2000년, 2008년 세 번의 큰 금융위기를 살펴보았다. 표면적으로 보면 이 세 사건은 서로 전혀 다른 역사적 사건처럼 보인다.

1929년은 주식시장 붕괴와 대공황이었다.

2000년은 인터넷 기술주 거품의 붕괴였다.

2008년은 금융 시스템 자체가 붕괴 직전까지 갔던 글로벌 금융위기였다.

세 사건은 발생한 자산도 달랐고, 당시의 경제 환경도 달랐으며, 정책 대응 방식도 크게 달랐다.

1929년에는 중앙은행의 대응 능력이 제한적이었다.

2000년에는 금리 인하가 비교적 빠르게 이루어졌다.

2008년에는 전례 없는 양적 완화 정책이 시행되었다.

이처럼 겉으로 보이는 역사적 조건은 서로 크게 달랐다. 그러나 위기를 구조적으로 해부하면 놀라운 공통점이 드러난다. 금융위기는 항상 특정한 구조적 경로(structural pathway)를 따라 진행된다. 세 위기는 모두 다음과 같은 다섯 단계를 거쳤다.

이 다섯 단계는 단순한 사건의 나열이 아니라 금융 시스템이 반복적으로 거치는 구조적 순환에 가깝다. 먼저 새로운 기술 혁신이 등장한다. 혁신은 생산성을 높이고 경제 구조를 변화시킨다.

- 19세기 철도
- 1920년대 전기와 자동차

- 1990년대 인터넷
- 2000년대 금융공학
- 그리고 오늘날의 AI

혁신 자체는 대부분 실제이며 경제 발전에 기여한다. 문제는 혁신이 아니라 그 혁신을 바라보는 금융 시스템의 반응이다. 새로운 기술이 등장하면 투자자들은 미래 성장에 대한 기대를 형성한다. 이 기대는 자본을 끌어들이고, 자본은 자산 가격을 상승시킨다. 가격 상승은 다시 낙관을 강화하는 자기 증폭 과정을 만든다. 투자자들은 다음과 같은 논리를 믿기 시작한다.

**"이번에는 다르다."**

그러나 금융시장에서는 이 문장이 역사적으로 가장 위험한 신호였다. 가격이 상승할수록 더 많은 자본이 유입되고, 자본이 유입될수록 레버리지(신용)가 확대된다. 이때 금융 시스템은 점점 더 취약해진다. 가격 상승은 자기자본이 아니라 신용에 의해 증폭되기 때문이다.

결국 어느 순간 균열이 발생한다.

흥미로운 점은 이 균열이 자산 가격에서 먼저 나타나지 않는다는 것이다. 대부분의 경우 균열은 신용시장에서 먼저 발생한다. 대출이 회수되고, 차환이 어려워지고, 금융기관 간 신뢰가 흔들리기 시작한다. 그리고 그 순간 가격은 급격히 하락한다.

마지막 단계는 정책 대응이다. 중앙은행과 정부는 위기 확산을 막기 위해 개입한다.

1929년에는 정책 대응이 늦어 대공황이 심화되었다.

2000년에는 금리 인하가 빠르게 이루어졌다.

2008년에는 양적 완화와 대규모 금융 구제가 시행되었다.

이처럼 위기의 외형은 매번 달라 보이지만, 그 내부 구조는 반복된다. 역사는 기술 자체가 아니라 금융 구조를 통해 반복되는 것이다.

## 위기 때마다 레버리지의 주체가 달라

세 위기를 비교할 때 가장 중요한 차이는 레버리지의 규모가 아니라 레버리지가 어디에 존재했는가이다. 금융위기의 역사는 사실상 레버리지의 이동사(history of leverage migration)라고 말할 수 있다. 신용은 항상 경제의 특정한 영역으로 집중된다. 그리고 위기는 그 집중된 지점에서 시작된다.

### 1929년: 개인 투자자의 레버리지

1929년의 레버리지는 개인 투자자에게 집중되어 있었다. 1920년대 미국에서는 증거금 거래(margin trading)가 급속히 확대되었다. 투자자는 주식 가격의 10~20%만 자기자본으로 투자하고, 나머지는 브로커로부터 빌린 자금으로 매수할 수 있었다. 주가가 상승하는 동안 이 구조는 아무 문제도 드러내지 않았다.

그러나 가격이 하락하기 시작하자 상황은 급격히 바뀌었다. 주가가 일정 수준 이하로 떨어지면 브로커는 추가 증거금을 요구하는 마진콜을 발동했다. 투자자가 이를 충당하지 못하면 보유 주식은 즉시 시장에서 매도되었다.

이 과정은 단순한 가격 조정을 연쇄적인 강제 매도의 폭락 메커니즘으로 바꾸었다. 즉 1929년의 붕괴는 주가 하락 그 자체가 아니라, 레버리지된 개인 투자 구조가 만들어낸 자기 증폭적 붕괴였다.

### 2000년: 기대의 버블

2000년 닷컴 버블은 전혀 다른 성격을 가지고 있었다. 레버리지는 상대적으로 낮았다. 은행 시스템도 안정적이었다. 문제는 신용이 아니라 기대의 과잉이었다.

인터넷은 실제로 세계 경제를 변화시킬 기술이었다. 그러나 시장은 그 변화를 장기적 생산성 혁신이 아니라 즉각적인 수익 창출로 해석했다. 수많은 기업이 이익은커녕 매출조차 안정적으로 창출하지 못했지만, 투자자들은 미래의 가능성만으로 그들의 가치를 평가했다.

이 위기는 금융 시스템의 붕괴가 아니라 자산 가격의 과대평가가 수정되는 과정에 가까웠다. 닷컴 붕괴는 기술 혁명이 실패했기 때문이 아니라 기대가 현실보다 너무 빨리 앞서갔기 때문에 발생했다.

## 2008년: 금융기관의 레버리지

2008년 위기는 다시 전혀 다른 구조였다. 이번에는 레버리지가 개인도 기업도 아닌 금융기관 내부에 집중되어 있었다.

투자은행들은 자기자본의 수십 배에 달하는 레버리지를 사용했고, 주택담보대출은 복잡한 구조화 금융상품을 통해 전 세계 금융 시스템으로 확산되었다.

대표적인 상품을 꼽자면 다음과 같다.


- 주택저당증권(Mortgage-Backed Securities, MBS)
- 부채담보부증권(Collateralized Debt Obligations, CDO)
- 신용부도스와프(Credit Default Swaps, CDS)


이 상품들은 위험을 분산시키는 것처럼 보였지만, 실제로는 위험을 금융 시스템 전체로 확산시키는 통로가 되었다. 주택 가격이 하락하자 이 구조는 동시에 붕괴하기 시작했다. 문제는 더 이상 단순한 자산 가격 하락이 아니었다. 금융기관의 대차대조표가 동시에 악화했고, 은행 간 신뢰는 급격히 붕괴했다. 2008년 위기의 본질은 주택 가격이 아니라 금융 시스템의 연결 구조 자체였다.

## 레버리지의 위치가 위기의 깊이를 결정한다

이 세 사례는 하나의 중요한 사실을 보여준다. 위기의 깊이는 레버리지의 크기가 아니라, 레버리지가 어디에 존재하는가에 의해 결정된다. 개인에게 집중된 레버리지는 시장 폭락을 만들 수 있다. 자산 가격에 집중된 기대는 거품 붕괴를 만들 수 있다. 그러나 금융기관 내부에 축적된 레버리지는 시스템 전체의 위기로 발전할 수 있다.

이 차이가 바로 1929년, 2000년, 2008년이 서로 다른 방식으로 전개된 이유였다.

이 내용은 다음 표로 요약된다.

표 6-1 | 세 번의 위기 비교 분석

| 구분 | 1929년 대공황 | 2000년 닷컴 버블 | 2008년 금융위기 |
|---|---|---|---|
| 혁신 | 전기·자동차 산업 | 인터넷 | 금융공학·주택금융 |
| 레버리지 주체 | 개인 투자자 | 낮음 | 금융기관 |
| 핵심 메커니즘 | 증거금 거래·마진콜 | 기대 과대평가 | 구조화 금융·고레버리지 |
| 위기의 성격 | 주식시장 폭락 | 자산 가격 조정 | 금융 시스템 위기 |

## 통화 체제가 위기의 깊이를 결정한다

금융위기의 강도를 결정하는 요인은 흔히 거품의 크기나 자산 가격의 하락 폭이라고 생각하기 쉽다. 그러나 역사적으로 보면 위기의 깊이를 결정하는 보다 근본적인 요소는 따로 있다. 그것은 바로 '통화 체제(monetary regime)'이다.

어떤 통화 체제 아래에 있는가에 따라 중앙은행이 위기에 대응할 수 있는 정책의 범위가 달라지기 때문이다. 같은 금융 충격이 발생하더라도 통화 체제가 유연하면 금융 시스템은 유지될 수 있지만, 통화 체제가 경직되어 있다면 위기는 경제 전체를 붕괴시키는 대공황으로 확대될 수 있다.

20세기와 21세기의 대표적인 세 금융위기(1929년 대공황, 2000년 닷컴 버블 붕괴, 2008년 글로벌 금융위기)를 비교해보면 이 사실이 분명하게 드러난다.

### 1929년: 금본위제와 통화 수축

1929년 대공황 당시 세계 경제는 금본위제 체제 아래에 있었다. 금본위제는 통화의 가치를 금에 연동시키는 제도이다. 이 체제에서는 통화 공급이 중앙은행의 정책 판단이 아니라 금 보유량에 의해 제한된다.

이러한 제약은 평상시에는 통화의 신뢰성을 유지하는 장점이 있지만, 금융위기 상황에서는 심각한 문제를 초래한다. 금융 시스템이 흔들리고 은행이 파산하기 시작하더라도 중앙은행이 충분한 유동성을 공급하기 어렵기 때문이다.

실제로 1929년 주식시장 붕괴 이후 미국에서는 대규모 은행 파산이 연쇄적으로 발생했다. 그러나 연방준비제도는 적극적인 통화 확대 정책을 시행하지 못했다. 금 유출을 우려한 정책 당국은 오히려 금리를 유지하거나 긴축적인 태도를 취했다.

그 결과 미국의 통화 공급은 1929년부터 1933년 사이에 약 25~30% 감소했다. 이는 현대 경제사에서 가장 급격한 통화 수축 중 하나였다.

통화 공급이 줄어들면 경제 전반에 다음과 같은 연쇄 반응이 발생한다.


- 소비 감소
- 투자 축소
- 기업 파산 증가
- 은행 시스템 붕괴
- 실업률 급등


이러한 과정은 디플레이션을 심화시키며 경제를 악순환으로 몰아넣는다. 결국 1933년 미국의 실업률은 약 25%에 달했고, 산업생산은 절반 가까이 감소했다.

따라서 1929년 위기의 본질은 단순한 주식시장 붕괴가 아니었다. 그것은 금본위제라는 경직된 통화 체제 아래에서 발생한 통화 수축의 참사였다.

## 2000년: 법정화폐 체제와 금리 인하

2000년 닷컴 버블 붕괴는 전혀 다른 통화 체제에서 발생했다. 이미 세계 경제는 금본위제를 버리고 법정화폐 체제로 전환한 상태였다.

법정화폐 체제에서는 통화 공급이 금 보유량에 의해 제한되지 않는다. 중앙은행은 경제 상황에 따라 금리를 조정하고 필요할 경우 유동성을 공급할 수 있다.

2000년 기술주 거품이 붕괴하면서 나스닥 지수는 약 80% 가까이 하락했다. 수많은 인터넷 기업이 파산했고, 벤처 투자시장도 급격히 위축되었다.

그러나 금융 시스템 자체는 붕괴하지 않았다. 그 이유는 연준이 빠르게 금리 인하 정책을 시행했기 때문이다. 2000년대 초반 연준은 정책금리를 빠른 속도로 낮추며 금융시장에 유동성을 공급했다. 이러한 정책은 자산 가격 하락이 금융 시스템 전체로 확산하는 것을 막는 역할을 했다.

결과적으로 닷컴 버블 붕괴는 자산시장의 붕괴였지만 금융 시스템의 붕괴로 이어지지는 않았다. 이는 법정화폐 체제가 중앙은행에 더 넓은 정책 수단을 제공한다는 사실을 보여주는 사례였다.

## 2008년: 양적 완화와 중앙은행의 확장

2008년 글로벌 금융위기는 또 다른 차원의 정책 대응을 보여주었다. 이 위기는 주택시장과 금융공학 상품(MBS, CDO 등)을 중심으로 형성된 거대한 신용 구조가 붕괴하면서 발생했다.

대형 투자은행이 파산하고 글로벌 금융 시스템이 붕괴 직전에 이르자 중앙은행은 과거와 비교할 수 없는 규모의 정책을 시행했다.

대표적인 정책이 바로 다음 세 가지다.


- 제로금리 정책(ZIRP)
- 양적 완화(QE)
- 중앙은행 대차대조표 확대


특히 양적 완화 정책은 중앙은행이 국채와 금융 자산을 직접 매입하여 시장에 유동성을 공급하는 방식이었다. 이 정책의 결과로 미국 연방준비제도의 자산 규모는 2007년 8,907억 달러에서 2014년 4조 4,977억 달러로 급격히 증가했다.

이는 중앙은행이 단순히 금리를 조정하는 기관이 아니라 금융 시스템 전체의 최종 대부자(Lender of Last Resort) 역할을 수행한다는 사실을 보여주는 사례였다.

이러한 적극적인 정책 덕분에 금융 시스템은 붕괴를 피할 수 있었지만, 동시에 중앙은행의 역할은 이전보다 훨씬 커졌다.

이 세 사례를 비교하면 중요한 사실 하나가 드러난다. 금융위기의 깊이를 결정하는 것은 단순히 자산 가격의 거품이 아니라 통화 체제의 유연성이라는 점이다.

금본위제 아래에서는 중앙은행이 위기에 대응할 정책 수단이 제한되어 있었다. 그 결과 금융위기는 통화 수축과 디플레이션을 통해 경제 전체를 붕괴시키는 대공황으로 확대되었다.

반면 법정화폐 체제에서는 중앙은행이 금리 인하, 유동성 공급, 양적 완화 등 다양한 정책을 통해 금융 시스템을 안정시킬 수 있었다.

따라서 현대 금융위기의 특징은 단순한 붕괴가 아니라 중앙은행의 개입을 통해 관리되는 위기라고 할 수 있다.

**표 6-2 | 통화 체제의 비교**

| 구분 | 1929년 대공황 | 2000년 닷컴 버블 | 2008년 금융위기 |
| --- | --- | --- | --- |
| 통화 체제 | 금본위제 | 법정화폐 | 법정화폐 |
| 통화정책 대응 | 통화 수축 | 금리 인하 | 제로금리·양적 완화 |
| 금융 시스템 결과 | 대규모 은행 파산<br>금융 시스템 붕괴 | 자산 가격 붕괴<br>금융 시스템 유지 | 금융 시스템 붕괴 직전<br>중앙은행 개입으로 안정 |

**2020년 이후: 무제한 유동성 시대와 새로운 금융위기의 가능성**

2008년 글로벌 금융위기 이후 세계 경제는 이미 새로운 통화 체제로 이동하기 시작했다. 중앙은행은 더 이상 단순히 금리를 조정하는 기관이 아니었다. 금융 시스템이 위기에 빠질 때마다 중앙은행은 직접 시장에 개입하여 자산을 매입하고, 금융기관을 지원하며, 신용 시장 전체를 안정시키는 역할을 수행했다.

그러나 2020년 코로나 팬데믹은 이러한 변화의 속도를 한 단계 더 끌어올렸다. 팬데믹이 세계 경제를 멈춰 세웠을 때, 각국 중앙은행과 정부는 역사상 유례없는 규모의 통화·재정 정책을 동시에 시행했다. 이는 사실상 '무제한 유동성 시대'의 시작을 의미했다.

2020년 3월 세계 금융시장은 급격한 공황 상태에 빠졌다. 주식 시장뿐 아니라 국채, 회사채, 심지어 단기 자금시장까지 동시에 흔들렸다. 글로벌 금융 시스템 전체가 마비될 가능성이 제기되었다. 이에 대응하여 미국 연방준비제도는 단 몇 주 사이에 다음과 같은 정책을 시행했다.

- 기준금리 0% 수준 인하
- 무제한 양적 완화
- 회사채 시장 직접 지원
- 단기 자금시장 유동성 공급
- 기업 대출 프로그램 도입

특히 '무제한 양적 완화'라는 표현은 통화정책 역사에서 중요한 의미를 가진다. 과거의 양적 완화는 일정 규모의 자산을 매입하는

     

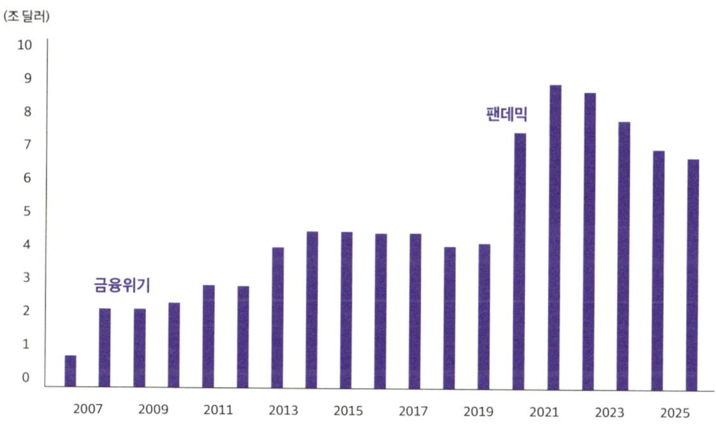


자료: 미 연준

정책이었다. 그러나 2020년 이후 연준은 필요한 만큼 자산을 매입할 수 있다는 신호를 시장에 보냈다.

그 결과 연준의 자산 규모는 급격히 확대되었다. 2007년 8,907억 달러였던 연준 자산이 2014년 4조 4,977억 달러, 2021년 8조 7,575억 달러로 증가했다. 불과 15년 사이에 중앙은행의 대차대조표가 10배 가까이 확대된 것이다. 이러한 변화는 단순한 정책 대응이 아니라 통화 체제 자체의 진화를 의미했다.

## 중앙은행의 역할 변화, 자산시장 안정까지 확대

전통적으로 중앙은행의 역할은 세 가지로 정의되어 왔다.

- 물가 안정
- 완전고용 유지
- 금융 시스템 안정

그러나 2020년 이후 중앙은행의 역할은 사실상 '자산시장 안정'이라는 네 번째 기능을 포함하게 되었다. 주식시장, 채권시장, 신용시장 등 금융 자산 가격이 급락할 경우 중앙은행이 직접 개입하여 시장을 안정시키는 역할이다. 시장에서는 이를 흔히 '중앙은행 풋(Central Bank Put)'이라고 부른다.

이러한 구조에서 금융시장 참가자들은 위기가 발생하면 '중앙은행이 결국 시장을 구할 것'이라는 기대를 갖게 된다. 이 기대는 금융 시스템의 붕괴를 막는 장점이 있지만 동시에 위험한 부작용을 수반한다.

2020년 이후 글로벌 금융시장에서 가장 두드러진 현상은 자산 가격의 폭발적인 상승이었다.

초저금리와 막대한 유동성은 투자 자금을 금융시장으로 밀어넣었다. 대표적인 자산 가격 상승 사례는 다음과 같다.

   제1부 | 혁명은 언제나 신용과 함께 온다

- 미국 기술주 급등
- 글로벌 부동산 가격 상승
- 암호화폐 시장 확대
- 사모신용시장 급성장
- 벤처 투자 및 스타트업 가치 상승

## 사모시장의 급격한 확대는 새로운 금융위기 원인

특히 사모신용시장은 지난 10년 동안 빠르게 확대되었다. 은행 규제가 강화되면서 전통적인 은행 대출 대신 사모펀드와 직접대출 기관이 기업 대출 시장을 장악하기 시작했다. 그 결과 글로벌 사모신용시장 규모는 2020년 약 1조 달러에서 2025년에는 2조 달러 이상으로 성장했다. 이러한 금융 구조는 높은 수익률을 제공했지만 동시에 숨겨진 레버리지와 유동성 위험을 축적하고 있었다.

과거 금융위기는 대체로 특정 자산시장에서 시작되었다.

- 1929년: 주식시장 거품
- 2000년: 인터넷 기업 거품
- 2008년: 주택시장과 모기지 신용

그러나 2020년 이후 금융 시스템은 훨씬 더 복잡한 구조로 변화했다. 현대 금융 시스템의 위험은 다음 세 영역에서 동시에 형성되고 있다.

### ① 기술 혁명

AI와 자동화는 생산성을 높이지만 동시에 노동시장과 산업 구조를 빠르게 변화시킨다. 특정 산업이나 기업이 갑작스럽게 경쟁력을 잃을 가능성이 커졌다.

### ② 신용 구조의 확대

사모신용시장, 구조화 금융, 레버리지 대출 등 전통적인 은행 시스템 밖에서 신용이 빠르게 확대되었다.

### ③ 초저금리 환경

장기간 지속된 낮은 금리는 기업과 투자자들이 더 높은 레버리지를 사용하는 구조를 만들었다.

이 세 가지 요소가 결합하면 다음과 같은 전이 구조가 형성될 수 있다.

이는 기존 금융위기와는 다른 형태의 위기를 만들어낼 가능성이 있다.

## 다음 금융위기는 신용 거품에서

무제한 유동성 체제는 금융 시스템을 안정시키는 강력한 도구이다. 그러나 동시에 새로운 위험을 만들어낸다. 유동성이 과도하게 공급되면 다음과 같은 현상이 발생할 수 있다.

- 자산 가격 거품 형성
- 과도한 레버리지 확대
- 위험 자산 투자 증가
- 금융 시스템의 취약성 축적

이러한 상황에서는 위기가 발생했을 때 충격이 더 크게 나타날 수 있다.

다시 말해 중앙은행의 정책은 단기적으로 위기를 완화할 수 있지만, 장기적으로는 더 큰 금융 불균형을 축적할 가능성이 있다.

2020년 이후 세계 경제는 이전과 다른 통화 체제에 들어섰다. 이 체제에서는 중앙은행이 필요할 경우 거의 무제한에 가까운 유동성을 공급할 수 있다. 따라서 미래의 금융위기는 1930년대와 같은 통화 수축 형태로 나타날 가능성은 낮다. 대신 자산 가격 거품 붕괴나 신용시장 경색으로 나타날 확률이 높다.

특히 기술 혁명과 신용시장이 결합할 경우 금융위기는 예상하지 못한 영역에서 시작될 수 있다. 이 내용은 이 책의 2부에서 자세하게 살펴볼 것이다.


## 주가 하락 폭 비교

금융위기의 성격을 이해하는 또 하나의 중요한 방법은 자산 가격, 특히 주가지수의 하락 폭을 비교하는 것이다. 금융위기가 발생할 때 주식시장은 가장 먼저 충격을 반영하는 시장이기 때문이다. 투자자들의 기대가 급격히 바뀌면 주식 가격은 순식간에 붕괴하며, 그 하락 폭은 위기의 성격과 경제 시스템의 취약성을 보여주는 지표가 된다.

20세기와 21세기의 대표적인 세 금융위기에서 주요 주가지수의 하락 폭은 〈표 6-3〉과 같다.

1929년 대공황 때, 다우존스가 약 90% 급락했다. 2000년 닷컴 버블 때는 나스닥이 약 80%, 2008년 글로벌 금융위기 때는 S&P500이 약 57% 하락했다.

이 숫자만 보면 세 위기는 모두 매우 큰 금융 충격처럼 보인다. 그러나 실제로는 위기의 구조와 경제에 미친 영향은 크게 달랐다.

     

**표 6-3 | 주요 지수 하락 폭 비교**

| 위기 | 주요 지수 하락 | 위기의 성격 |
| --- | --- | --- |
| 1929년 대공황 | 다우존스 약 -90% | 실물경제 + 금융 시스템 붕괴 |
| 2000년 닷컴 버블 | 나스닥 약 -80% | 기술주 거품 붕괴 |
| 2008년 글로벌 금융위기 | S&P500 약 -57% | 신용 시스템 위기(통화 확장으로 안정) |

1929년 주식시장 붕괴는 단순한 금융시장 조정이 아니었다. 그것은 경제 시스템 전체의 붕괴로 이어진 체제적 위기(systemic collapse)였다.

다우존스 지수는 1929년 고점에서 1932년 저점까지 약 90% 가까이 하락했다. 이는 현대 금융 역사에서 가장 극단적인 주식시장 붕괴였다. 그러나 더 중요한 사실은 주식시장 폭락이 실물경제의 붕괴와 동시에 발생했다는 점이다.

2000년 닷컴 버블 붕괴는 자산 가격 하락 폭만 보면 매우 극단적인 사건이었다. 나스닥 지수는 2000년 고점에서 약 80% 가까이 하락했다. 그러나 이 위기는 1929년과 같은 체제적 붕괴로 이어지지는 않았다.

닷컴 버블 당시 많은 인터넷 기업들은 아직 수익 모델이 확립되지 않은 상태였다. 투자자들은 미래의 인터넷 경제에 대한 기대만으로 기업 가치를 평가했고, 이러한 기대가 지나치게 높아지면서 주가가 급등했다.

버블이 붕괴하자 수많은 기업이 사라졌고, 벤처 투자시장도 크게 위축되었다. 그러나 은행 시스템이나 신용시장은 비교적 안정적으로 유지되었다.

이러한 차이를 만든 핵심 요인은 통화 체제였다. 당시 연준은 빠르게 금리를 인하하며 유동성을 공급했고, 그 결과 금융 시스템은 안정성을 유지할 수 있었다.

따라서 2000년 위기는 '금융 시스템 위기라기보다 기술주 거품의 가격 조정'에 가까웠다고 볼 수 있다.

2008년 글로벌 금융위기는 구조적으로 1929년과 더 유사한 측면이 있었다. 위기의 중심에는 단순한 자산 거품이 아니라 신용 시스템의 붕괴가 있었다. 미국 주택시장을 기반으로 형성된 금융공학 상품(MBS, CDO 등)은 금융 시스템 전반에 연결되어 있었다. 주택 가격이 하락하자 이러한 구조화 금융상품의 가치가 급격히 떨어졌고, 은행과 투자은행의 대차대조표가 동시에 악화되었다.

리먼브라더스(Lehman Brothers) 파산 이후 금융 시스템은 사실상 붕괴 직전까지 갔다. 이 시기 S&P500 지수는 약 57% 하락했다. 하락 폭만 보면 1929년이나 2000년에 비해 상대적으로 작아 보일 수 있다. 그러나 이는 위기의 충격이 약했기 때문이 아니라 정책 대응이 훨씬 빠르고 강력했기 때문이었다. 각국 중앙은행은 제로금리 정책과 대규모 양적 완화로 금융기관 유동성을 지원했다. 이러한 정책 덕분에 금융 시스템은 붕괴를 피할 수 있었고, 주식시장도 비교적 빠르게 회복되었다.

     제1부 ｜ 혁명은 언제나 신용과 함께 온다

이 세 위기를 비교하면 중요한 사실이 드러난다. 주식시장 하락 폭만으로는 금융위기의 본질을 설명할 수 없다. 예를 들어 나스닥은 2000년에 80% 하락했지만 경제 전체는 붕괴하지 않았다. 반면 1929년에는 금융 시스템과 실물경제가 동시에 붕괴하면서 대공황으로 이어졌다.

결국 금융위기의 성격을 결정하는 것은 단순한 가격 하락이 아니라, 신용 시스템과 통화 체제의 구조이다.

금융위기를 이해할 때 중요한 것은 주가가 얼마나 떨어졌는가가 아니라, 왜 떨어졌는가이다.

주식시장 폭락은 위기의 결과일 뿐이며, 위기의 원인은 항상 신용 구조와 통화 체제에 존재한다.


## 위기의 진짜 신호: 신용 스프레드와 유동성

금융위기의 깊이를 판단할 때 많은 사람들은 주식시장의 하락 폭에 주목한다. 그러나 금융 시스템의 안정성을 결정하는 진짜 변수는 주가가 아니라 신용시장(credit market)이다.

주식시장은 투자자들의 기대가 반영되는 시장이지만, 신용시장은 경제 전체의 자금 흐름과 금융기관 간 신뢰를 반영한다. 따라서 금융위기가 발생했을 때 주가보다 더 중요한 지표는 신용 스프레드와 유동성이다.

역사적으로 보면 세 번의 주요 금융위기는 신용시장의 상태에서 뚜렷한 차이를 보였다.

1929년 대공황에서는 신용시장의 붕괴가 위기의 핵심이었다. 주식시장 붕괴 이후 미국에서는 은행 파산이 연쇄적으로 발생했다. 당시에는 예금보험 제도(FDIC)가 존재하지 않았기 때문에 은행이 위험해 보이면 예금자들이 대규모로 돈을 인출하는 뱅크런(bank run)이 발생했다.

그 결과 1930년부터 1933년 사이에 약 9,000개 이상의 은행이 파산했다. 은행이 파산하면 신용 공급이 급격히 줄어든다. 기업과 가계는 대출을 받지 못하게 되고 경제활동은 급격히 위축된다. 이 과정에서 발생한 것이 바로 신용 수축(credit contraction)이다. 통화 공급이 약 25~30% 감소하면서 미국 경제는 심각한 디플레이션과 대공황에 빠지게 되었다.

2000년 닷컴 버블 붕괴는 자산 가격 측면에서는 매우 극단적인 사건이었다. 나스닥 지수는 약 80% 가까이 하락했다. 그러나 금융 시스템 자체는 비교적 안정적으로 유지되었다. 닷컴 버블 당시의 문제는 기업 가치의 과대평가였지, 금융 시스템의 레버리지 구조가 아니었다. 인터넷 기업들이 대거 파산했지만, 은행의 대차대조표가 직접적으로 훼손되는 구조는 아니었다. 따라서 신용시장의 경색은 제한적인 수준에 그쳤다.

연준이 빠르게 금리를 인하하면서 금융시장에 유동성을 공급했고, 그 결과 금융 시스템 전체로 위기가 확산되지는 않았다. 이 때문에 2000년 위기는 금융위기라기보다 자산 가격 버블 붕괴에 가까 웠다.

2008년 글로벌 금융위기는 완전히 다른 형태의 위기였다. 위기 의 중심에는 신용시장 자체의 붕괴가 있었다. 미국 주택시장을 기반 으로 만들어진 금융상품(MBS, CDO 등)은 글로벌 금융기관의 대차 대조표에 깊이 연결되어 있었다. 주택 가격이 하락하자 이러한 금융 상품의 가치가 급락했고, 금융기관들은 서로의 재무 상태를 신뢰하 지 못하게 되었다.

그 결과 은행 간 자금 거래가 급격히 위축되었다. 이러한 상황을 가장 잘 보여주는 지표가 바로 LIBOR-OIS 스프레드이다. LIBOR- OIS 스프레드는 금융시장에서 은행 간 신뢰 수준을 보여주는 대표 적인 지표이다.

이 스프레드는 다음 두 금리의 차이를 의미한다.

- LIBOR: 은행들이 서로에게 단기 자금을 빌려줄 때 적용되는 금리
- OIS: 중앙은행 정책금리를 기반으로 한 무위험 금리

정상적인 시장에서는 두 금리의 차이가 매우 작다. 일반적으로 10~20bp(0.1~0.2%) 수준이다.

그러나 금융 시스템에 대한 불안이 커지면 상황이 달라진다. 은 행들은 상대 은행의 신용 위험을 반영하여 더 높은 금리를 요구하게

된다. 그 결과 LIBOR 금리는 상승하고 스프레드는 크게 확대된다. 2008년 금융위기 당시 이 스프레드는 약 350bp 이상까지 급등했다.

이는 현대 금융 역사에서 가장 극단적인 수준이었다. 이 수치는 단순한 금리 변화를 의미하는 것이 아니었다. 그것은 은행들이 서로에게 돈을 빌려주지 않기 시작했다는 신호였다.

다시 말해 금융 시스템의 핵심인 은행 간 신용시장(interbank market)이 사실상 멈춘 것이다.

이 세 위기를 비교하면 〈표 6-4〉와 같다.

이 비교는 금융위기의 본질을 이해하는 중요한 교훈을 제공한다. 주식시장은 빠르게 움직이지만, 신용시장은 천천히 움직인다. 그러나 신용시장이 멈추는 순간 경제 시스템 전체가 멈추게 된다. 금융위기의 깊이를 결정하는 것은 주가가 아니라 신용시장의 기능 여부이다. 주식시장은 폭락해도 다시 회복될 수 있다. 그러나 신용시장이 멈추면 경제 자체가 멈춘다.

**표 6-4 ㅣ 신용시장 상태 비교**

| 위기 | 신용시장 상태 |
| --- | --- |
| 1929년 대공황 | 은행 파산 → 신용 공급 붕괴 |
| 2000년 닷컴 버블 | 신용 충격 제한적(금융 시스템 안정) |
| 2008년 글로벌 금융위기 | 은행 간 신용시장 정지(LIBOR-OIS 급등) |

　　　　　　　　　　제1부 ㅣ 혁명은 언제나 신용과 함께 온다

## 실질금리의 역할

금융위기와 자산 가격의 변화를 이해할 때 가장 중요한 변수 가운데 하나는 실질금리(real interest rate)다. 실질금리는 단순한 금리 수준을 넘어 금융 시스템의 위험 선호와 자산 가격의 방향을 결정하는 핵심 변수로 작용한다. 일반적으로 실질금리는 다음과 같이 정의된다.

$$\text{실질금리} = \text{명목금리} - \text{인플레이션율}$$

투자자와 기업이 실제로 부담하는 자금 조달 비용은 명목금리가 아니라 실질금리이기 때문에 실질금리의 변화는 경제활동과 자산 가격에 직접적인 영향을 미친다. 실질금리가 상승하면 자금을 조달하는 비용이 높아지고 기업의 투자와 소비가 위축된다. 동시에 채권의 매력이 높아지면서 주식이나 부동산과 같은 위험 자산에 대한 투자 수요가 감소한다. 반대로 실질금리가 낮아지면 자금 조달 비용이 낮아지고 투자 활동이 확대되며 자산 가격 상승을 지지하는 환경이 형성된다.

이러한 이유로 실질금리는 종종 '자산 가격의 중력(gravity)'이라고 불린다. 중력이 물체의 움직임을 결정하듯, 실질금리는 금융 자산의 장기적인 가격 방향을 결정하는 힘으로 작용하기 때문이다.

## 1929년: 실질금리 급등과 디플레이션

1929년 대공황 당시 금융위기의 핵심 메커니즘 가운데 하나는 실질금리의 급등이었다. 주식시장 붕괴 이후 미국 경제에서는 심각한 디플레이션이 발생했다. 물가가 빠르게 하락하면서 기업 수익과 가계 소득도 동시에 감소했다. 그러나 명목금리는 크게 낮아지지 않았고, 통화 공급은 오히려 줄어들었다.

이러한 상황에서는 실질금리가 급격히 상승한다. 예를 들어 명목금리가 3%이고 물가가 5% 하락한다면 실질금리는 사실상 8% 수준이 된다. 이는 기업과 가계가 감당하기 어려운 수준의 자금 조달 비용이다.

실질금리 상승은 경제에 다음과 같은 악순환을 만들어낸다.

- 기업 투자 감소
- 소비 위축
- 부채 부담 증가
- 파산 증가
- 금융기관 부실 확대

이 과정에서 경제활동은 더욱 위축되고 디플레이션 압력은 강화된다. 결과적으로 실질금리 상승은 대공황을 심화시키는 중요한 요인이 되었다.

## 2000년: 안정적인 실질금리 환경

2000년 닷컴 버블 붕괴 당시에는 실질금리가 상대적으로 안정적인 수준을 유지했다. 1990년대 후반 미국 경제는 강한 생산성 증가와 낮은 인플레이션 환경을 경험하고 있었다. 정보기술 혁명으로 생산성이 높아지면서 경제성장률은 상승했지만 물가 상승 압력은 크지 않았다.

닷컴 버블이 붕괴하자 연방준비제도는 빠르게 금리를 인하했다. 이러한 정책 대응은 실질금리가 급격히 상승하는 것을 방지했다. 그 결과 금융 시스템은 비교적 안정적인 상태를 유지할 수 있었다. 기술 기업들의 주가는 폭락했지만 은행 시스템이나 신용시장이 붕괴하는 상황은 발생하지 않았다.

이 사례는 실질금리 안정이 금융 시스템의 안정성에 얼마나 중요한 역할을 하는지를 보여준다.

## 2008년: 실질금리 급락과 자산시장 회복

2008년 글로벌 금융위기에서는 중앙은행의 정책 대응이 훨씬 더 적극적으로 이루어졌다. 리먼브라더스 파산 이후 금융 시스템이 붕괴 직전까지 가자 각국 중앙은행은 전례 없는 규모의 정책을 시행했다.

대표적인 정책은 다음과 같다.

- 제로금리 정책(ZIRP)

- 양적 완화(QE)
- 대규모 유동성 공급

이러한 정책은 명목금리를 사실상 0% 수준까지 낮추었다. 동시에 중앙은행은 국채와 금융 자산을 대규모로 매입하여 시장에 유동성을 공급했다. 그 결과 실질금리는 크게 하락했다.

실질금리 하락은 자산 가격 회복의 중요한 기반이 되었다. 투자자들은 낮은 금리 환경에서 채권보다 더 높은 수익률을 찾기 위해 주식, 부동산, 벤처 투자 등 위험 자산으로 자금을 이동시켰다. 이러한 흐름은 이후 2010년대 글로벌 자산 가격 상승의 중요한 배경이 되었다.

## 세 위기의 공통 교훈

1929년 대공황, 2000년 닷컴 버블 붕괴, 2008년 글로벌 금융위기는 서로 다른 시대와 서로 다른 경제 구조 속에서 발생했다. 그러나 이 세 위기는 몇 가지 중요한 공통점을 보여준다. 기술 혁신은 실제였다.

각 시대의 금융 버블은 단순한 투기 현상이 아니었다. 그 배경에는 항상 실제 기술 혁신이 존재했다.

1920년대에는 전기와 자동차가 산업 구조를 근본적으로 변화시켰다. 전기 보급과 대량생산 시스템은 생산성을 크게 높였고, 새로운 소비시장을 창출했다.

1990년대에는 인터넷이 등장하면서 세계 경제가 연결되기 시작했다. 정보의 흐름이 빨라지고 새로운 디지털 산업이 등장했다.

2000년대에는 금융공학이 발전하면서 신용시장이 급격히 확대되었다. 모기지 금융과 구조화 금융상품은 금융 시스템의 규모를 크게 키웠다. 즉 기술 혁신 자체는 실제였고, 경제적 의미도 분명했다. 자산 가격은 기대를 과대평가했다.

문제는 기술 혁신이 아니라 그 기술이 만들어낼 미래에 대한 기대였다. 투자자들은 새로운 기술이 만들어낼 미래 가치를 지나치게 낙관적으로 평가하는 경향이 있다. 그 결과 자산 가격은 실제 경제 가치보다 훨씬 빠르게 상승한다.

이 과정에서 금융시장에는 거품이 형성된다. 레버리지는 상승을 증폭시켰다. 금융시장에서 레버리지는 상승을 더욱 빠르게 만드는 역할을 한다.

투자자들이 대출을 이용해 투자 규모를 확대하면 자산 가격 상승 속도는 더욱 빨라진다. 그러나 레버리지는 하락 국면에서도 동일하게 작용한다. 가격이 하락하면 대출을 상환하기 위한 강제 매도가 발생하고 이는 하락 속도를 더욱 가속시킨다.

신용 균열은 가격 하락보다 위험하다.

주식시장은 하루에도 큰 폭으로 변동할 수 있다. 그러나 주식시장 하락이 반드시 금융위기로 이어지는 것은 아니다. 진짜 위기는 신용시장이 흔들릴 때 발생한다. 신용 시스템은 경제활동의 핵심 인 프라이기 때문이다. 기업 투자, 소비, 무역 등 대부분의 경제활동은 신용을 기반으로 이루어진다. 따라서 신용시장이 경색되면 경제활동 자체가 멈추게 된다.

통화정책은 마지막 방어선이었다.

세 위기의 가장 중요한 차이는 통화정책의 역할이었다. 1929년에는 금본위제가 통화정책을 제한했고, 중앙은행은 충분한 유동성을 공급하지 못했다. 그 결과 금융위기는 대공황으로 확대되었다. 반면 2000년과 2008년에는 중앙은행이 적극적으로 개입하여 금융 시스템을 안정시킬 수 있었다. 이는 현대 금융 시스템에서 중앙은행이 사실상 최종 대부자 역할을 수행하고 있음을 보여준다.

세 금융위기가 남긴 교훈은 다음과 같이 정리할 수 있다.

기술 혁신은 실제였다.
자산 가격은 기대를 과대평가했다.
레버리지는 상승을 증폭시켰다.
신용 균열은 가격 하락보다 위험했다.
통화정책은 금융 시스템의 마지막 방어선이었다.

# 제7장

# 레버리지의 심리학: 왜 인간은 반복해서 과신하는가

## 위기는 숫자 이전에 심리다

1929년의 투자자도, 2000년의 투자자도, 2008년의 금융공학자도 자신들이 위험을 통제하고 있다고 믿었다. 대부분 금융위기는 위험이 존재했기 때문에 발생한 것이 아니라, 위험이 통제 가능하다고 믿었기 때문에 발생했다.

모든 버블은 하나의 문장으로 시작된다.

"이번에는 다르다."

이 문장은 역사적으로 반복되었다. 17세기 네덜란드 튤립 버블, 19세기 철도 버블, 1920년대 미국 주식시장 버블, 1990년대 인터넷 버블, 2000년대 주택시장 버블 등의 사례를 보면 기술은 달랐지만 심리는 같았다.

버블의 초기 단계에서는 기술 혁신이 실제로 존재한다. 이 점이 버블을 더 설득력 있게 만든다. 전기와 자동차는 실제로 세상을 바꾸었다. 인터넷 역시 세계 경제의 구조를 변화시켰다. 그리고 AI 역시 생산성을 크게 변화시키고 있다.

문제는 기술이 아니라 가격과 기대의 속도다. 기술은 점진적으로 확산하지만, 자산 가격은 훨씬 빠르게 움직인다. 이 속도의 차이가 버블을 만든다.

## 과신과 확증 편향

행동경제학은 인간이 완전히 합리적인 존재라는 전통 경제학의 가정을 흔들었다. 인간은 정보를 계산하는 기계가 아니라, 믿음과 감정 속에서 판단하는 존재다. 금융시장에서도 마찬가지다. 투자자는 모든 정보를 객관적으로 평가하지 않는다. 그들은 자신의 믿음과 경험을 중심으로 세계를 해석한다. 특히 두 가지 심리적 편향이 반복적으로 나타난다.

첫째는 과신(overconfidence)이다. 인간은 자신의 판단 능력과 통찰력을 실제보다 높게 평가하는 경향이 있다. 투자자는 자신이 시장을 이해하고 있다고 믿으며, 그 믿음이 강해질수록 위험은 더 작게 보인다.

 

둘째는 확증 편향(confirmation bias)이다. 사람들은 자신의 믿음을 강화하는 정보는 적극적으로 받아들이지만, 그 믿음과 충돌하는 정보는 쉽게 무시한다.

이 두 편향이 합쳐지면 시장에는 하나의 자기 강화적 순환이 형성된다. 가격 상승은 투자자의 확신을 강화하고, 강화된 확신은 더 많은 투자를 유도하며, 그 투자는 다시 가격 상승을 만든다.

이 과정에서 회의론은 점점 사라진다. 회의적인 목소리는 비관주의로 치부되고, 낙관은 점차 상식처럼 받아들여진다.

버블은 무지에서 시작되지 않는다. 오히려 확신에서 시작된다. 사람들이 미래를 믿기 시작할 때, 시장은 그 믿음을 가격으로 표현한다. 그리고 그 믿음이 충분히 강해지면, 가격은 현실보다 앞서 움직이기 시작한다. 가격이 상승할수록 사람들은 더 많이 알게 되는 것이 아니라, 더 많이 확신하게 되는 것이다.

## 레버리지는 왜 확대되는가

상승기에는 위험이 보이지 않는다. 가격이 상승할수록 대출은 더 쉽게 제공된다. 금융기관은 손실 경험이 줄어들수록 위험 평가 기준을 완화한다.

이 과정은 비정상적인 것이 아니라 오히려 금융 시스템의 자연스러운 작동 방식에 가깝다. 금융기관의 리스크 모델은 대부분 최근 데이터를 기반으로 위험을 측정한다. 최근 데이터가 안정적일수록 예상 손실률은 낮아지고 허용 가능한 레버리지는 높아진다. 이것은 금융 시스템이 가진 하나의 구조적 특성이다. 위험이 낮아져서 레버리지가 확대되는 것이 아니라, 위험이 낮아 보이기 때문에 레버리지가 확대된다.

이 차이는 중요하다. 2000년대 중반 미국의 주택담보대출 시장은 이 구조를 극단적으로 보여주는 사례였다. 주택 가격은 오랫동안 상승했고 전국적인 주택 가격 하락은 거의 경험된 적이 없었다.

금융기관의 모델은 과거 데이터를 기반으로 다음과 같은 결론을 내렸다. 주택 가격은 지역적으로는 하락할 수 있지만, 전국적으로 동시에 하락할 가능성은 낮다. 따라서 주택담보대출은 비교적 안전한 자산으로 분류되었다.

이러한 판단은 대출 기준을 점차 완화시키는 결과를 낳았다. 신용 점수가 낮은 차입자에게까지 대출이 확대되었고, 담보 대비 대출 비율도 점차 높아졌다.

그러나 모델은 한 가지 중요한 사실을 보지 못했다. 미래는 과거와 동일하지 않을 수 있다는 사실이다. 리스크 모델은 이미 발생한 데이터를 분석할 수는 있지만, 아직 발생하지 않은 사건을 완전히 예측할 수는 없다.

위험은 사라진 것이 아니었다. 단지 아직 나타나지 않았을 뿐이었다. 그리고 레버리지는 그 보이지 않는 위험 위에서 점점 더 높아지고 있었다.

## 군중의 확산 메커니즘

금융시장은 종종 '정보'의 시장이라고 설명된다. 그러나 실제로 금융시장은 '내러티브'의 시장에 더 가깝다. 투자자는 단순한 숫자보다 미래에 대한 이야기와 전망에 반응한다.

1920년대에는 전기와 자동차가 미래를 상징했다. 이 기술들은 생산성과 산업 구조를 실제로 변화시키고 있었다. 투자자들은 이 변화가 영구적인 경제 성장을 가져올 것이라고 믿었다.

2000년에는 인터넷이 새로운 경제를 약속했다. 디지털 네트워크는 정보와 상거래의 방식을 근본적으로 바꾸고 있었다. 많은 투자자들은 인터넷 기업이 기존 산업을 빠르게 대체할 것이라고 확신했다.

2020년대에는 AI가 생산성의 폭발을 예고한다. AI는 지식 노동의 상당 부분을 자동화할 가능성을 보여주고 있다. 이러한 기술은 실제로 경제를 변화시킬 잠재력을 가지고 있다. 문제는 기술 자체가 아니라 기대의 속도다. 기술은 점진적으로 확산된다. 그러나 자산 가격은 훨씬 빠르게 움직인다. 투자자는 미래의 가능성을 현재의 가격에 반영하려고 한다. 그리고 이 과정에서 내러티브는 투자자의 심리를 조직한다.

한 번 형성된 내러티브는 가격 상승을 정당화한다. 가격 상승은 투자자의 확신을 강화한다. 그리고 강화된 확신은 더 많은 자본을 시장으로 끌어들인다. 이 과정은 하나의 자기 강화적 순환을 만든다. 즉 내러티브 → 기대 상승 → 투자 확대 → 가격 상승 → 내러티브 강화의 순서이다. 이 순환이 충분히 오래 지속되면 낙관은 점점 상식처럼 받아들여진다. 회의론은 비관주의로 치부되고 위험에 대한 경고는 점차 사라진다.

버블은 기술이 거짓이기 때문에 형성되는 것이 아니다. 오히려 기술이 실제이기 때문에 더 쉽게 형성된다. 다음 두 문장으로 요약할 수 있다.

"레버리지는 위험이 낮아져서 확대되는 것이 아니라, 위험이 낮아 보일 때 확대된다."

"금융시장은 정보의 시장이 아니라, 내러티브의 시장이다."

## 통계적 착시

상승기에는 변동성이 낮아진다. 그리고 변동성이 낮아질수록 레버리지는 확대된다. 가격이 안정적으로 상승하는 기간이 길어질수록 금융시장은 점점 더 안전해 보인다. 위험은 작게 보이고, 손실의 가능성은 멀게 느껴진다.

금융기관의 리스크 모델은 대부분 최근 데이터를 기반으로 위험을 측정한다. VaR(Value-at-Risk)과 같은 모델은 과거 일정 기간의 가격 변동성을 이용해 미래의 잠재적 손실을 추정한다. 최근 데이터가 안정적이면 예상되는 손실 규모도 작아진다. 그리고 예상 손실이 작아질수록 허용 가능한 레버리지는 높아진다.

이 과정에서 금융 시스템은 하나의 착시에 빠진다. 시장은 점점 더 안정적으로 보이고, 리스크 모델은 더 많은 레버리지를 허용한다.

그러나 이 안정성은 시스템이 실제로 안전해졌기 때문이 아니라 최근의 변동성이 낮았기 때문일 뿐이다. 위험이 줄어든 것이 아니라 측정되지 않을 뿐이다. 그리고 레버리지가 확대될수록 시스템은 점점 더 작은 충격에도 민감해진다.

결국 금융 시스템은 하나의 역설적인 상태에 도달한다. 겉으로는 변동성이 낮고 안정적인 시장처럼 보이지만, 내부에서는 레버리지가 축적되고 취약성이 커지고 있다.

위험은 사라진 것이 아니다. 위험은 단지 시스템 안에서 조용히 축적되고 있을 뿐이다. 그리고 상승기가 충분히 오래 지속되면 그 축적된 위험은 어느 순간 하나의 사건을 통해 한꺼번에 드러난다. 그 순간 시장은 비로소 깨닫는다. 안정은 현실이 아니라 통계적 착시였다는 사실을.

'변동성이 낮아질수록 금융 시스템은 더 안전해지는 것이 아니라 더 취약해질 수 있다'는 사실을 잊어서는 안 된다.


## 심리와 통화 조건의 결합

버블은 심리만으로 형성되지 않는다. 심리와 통화 조건이 결합될 때 형성된다. 낙관은 언제나 존재한다. 그러나 모든 낙관이 버블로 이어지는 것은 아니다. 버블이 형성되기 위해서는 낙관을 실제 투자로 전환시킬 수 있는 금융 환경이 필요하다. 역사적으로 버블이 형성될 때 대개 다음 세 가지 조건이 동시에 존재했다.

- 낮은 금리
- 풍부한 유동성
- 완화된 신용 기준

낮은 금리는 자본의 비용을 낮춘다. 투자자는 미래의 수익을 더 높은 가격으로 평가하게 된다. 풍부한 유동성은 투자 기회를 찾는 자본을 늘린다. 중앙은행의 완화적 정책은 금융 시스템에 더 많은 신용을 공급한다. 그리고 신용 기준이 완화되면 대출은 더 많은 차입자에게 확대된다.

이 세 가지 조건이 결합하면 낙관은 증폭된다. 투자자는 위험보다 기회를 보게 되고, 금융기관은 리스크보다 수익을 보게 된다. 자산 가격이 상승할수록 대출은 더 쉽게 제공되고, 레버리지는 더 빠르게 확대된다.

이 과정에서 낙관은 점차 구조가 된다. 금융 시스템 전체가 상승을 전제로 작동하기 시작한다. 버블은 단순한 가격 상승이 아니라 심리와 신용이 결합한 구조적 현상이다.

# 붕괴의 심리

버블의 붕괴는 대개 갑작스럽게 시작되지 않는다. 대부분의 경우 붕괴는 천천히 시작된다. 처음에는 소수의 회의론자가 등장한다. 일부 자산의 가격이 상승을 멈춘다. 가격은 횡보하고 시장에는 작은 균열이 나타난다. 그러나 상승기 동안 레버리지가 충분히 축적되어 있다면, 작은 충격도 시스템을 흔들 수 있다.

가격 하락은 담보 가치 하락을 의미한다. 담보 가치가 하락하면 대출 기관은 추가 담보를 요구한다. 이것이 마진콜(margin call)이다. 마진콜은 투자자의 선택을 제한한다. 추가 자본을 투입하지 못하는 투자자는 보유 자산을 매도해야 한다.

이 과정에서 강제 매도가 발생한다. 강제 매도는 가격 하락을 더욱 가속한다. 그리고 가격 하락이 가속될수록 더 많은 마진콜이 발생한다.

시장은 '가격 하락 → 담보 가치 하락 → 마진콜 → 강제 매도 → 추가 가격 하락'으로 연쇄 반응한다.

이 과정에서 심리는 급격히 변화한다. 상승기에는 낙관이 천천히 확산된다. 그러나 하락기에는 공포가 훨씬 빠르게 확산된다. 투자자는 위험을 무시할 수 있지만, 손실은 무시할 수 없다.

그리고 손실이 현실이 되는 순간 시장의 분위기는 낙관에서 공포로 빠르게 전환된다.

버블이 형성되는 데에는 수년이 걸릴 수 있다. 그러나 붕괴는 종종 몇 달 또는 몇 주 만에 진행된다.

상승은 레버리지를 확대하고 낙관을 축적한다. 하락은 레버리지를 압축하고 공포를 증폭시킨다. 그래서 금융위기의 속도는 언제나 상승보다 빠르다.


## 역사적 반복

역사는 같은 사건을 반복하지는 않는다. 그러나 같은 패턴은 반복한다.

1929년 투자자들은 전기와 자동차가 경제의 영구적 번영을 가져올 것이라고 믿었다. 그 믿음은 완전히 틀린 것이 아니었다. 전기와 자동차는 실제로 산업 구조를 바꾸었다. 그러나 시장은 그 변화의 속도를 과대평가했다.

2000년 투자자들은 인터넷이 전통 산업을 빠르게 대체할 것이라고 확신했다. 인터넷 역시 세계 경제를 근본적으로 변화시켰다. 그러나 기업의 수익은 투자자의 기대만큼 빠르게 성장하지 않았다.

2008년 금융공학자들은 위험이 금융 시스템 전체에 분산되었다고 믿었다. 복잡한 파생상품 구조는 위험을 여러 투자자에게 나누는 것처럼 보였다. 그러나 실제로는 위험이 사라진 것이 아니라 단지 보이지 않는 곳으로 이동했을 뿐이었다.

세 경우 모두 투자자들이 완전히 틀린 것은 아니었다. 기술은 실제였다. 경제는 실제로 변화하고 있었다. 그러나 시장은 기술의 가능성과 가격의 정당성을 혼동했다. 기술은 현실을 바꾸었지만, 가격은 그 미래를 너무 빨리 현재로 가져왔다.

레버리지의 심리학은 단순하다. 상승은 자신감을 낳고, 자신감은 레버리지를 낳고, 레버리지는 상승을 가속한다. 가격이 오를수록 투자자는 더 많은 확신을 갖게 되고 금융 시스템은 더 많은 신용을 공급한다. 이 과정에서 상승은 점점 더 빠르게 진행된다. 그러나 하락은 전혀 다른 방식으로 작동한다.

가격이 하락하면 레버리지는 압축된다. 담보 가치는 줄어들고, 마진콜이 발생하며, 강제 매도가 이어진다. 그리고 이 압축 과정은 붕괴를 증폭시킨다. 상승은 천천히 만들어지지만, 붕괴는 빠르게 진행된다. 그래서 금융위기의 속도는 언제나 상승보다 빠르다.

기술은 진짜일 수 있다. 그러나 인간의 심리는 역사적으로 거의 변하지 않았다. 기술은 시대마다 달라지지만, 낙관과 공포의 순환은 언제나 같은 형태로 반복되었다.

# 제8장

# 사모신용:
# 보이지 않는 레버리지

## 신용은 사라지지 않았다

2008년 글로벌 금융위기 이후 세계 금융 시스템은 큰 변화를 겪었다. 위기의 원인이 금융기관의 과도한 레버리지와 취약한 위험 관리에 있었다는 평가가 내려지면서 각국 정부와 규제 당국은 금융 규제를 대폭 강화했다.

은행의 자기자본비율은 높아졌고, 스트레스 테스트는 정례화되었으며, 유동성 규제도 크게 강화되었다. 바젤 III 규제는 은행이 더 많은 자본을 보유하도록 요구했고, 금융기관은 과거보다 훨씬 보수적인 대출 기준을 적용하기 시작했다.

이러한 조치는 분명 긍정적인 효과를 가져왔다. 은행 시스템은 이전보다 훨씬 안정적으로 변했고, 단기적인 유동성 충격에도 버틸 수 있는 능력이 강화되었다.

그러나 여기에는 중요한 사실 하나가 존재한다. 경제는 여전히 신용을 필요로 한다. 기업은 새로운 공장을 건설하기 위해 자금을 필요로 하고, 인수합병은 대규모 차입을 통해 이루어지며, 인프라 프로젝트는 장기간에 걸친 막대한 자본을 요구한다. 금융 규제가 강화되었다고 해서 이러한 자금 수요가 사라지는 것은 아니다.

신용은 줄어들지 않았다. 단지 공급의 경로가 이동했을 뿐이다. 은행이 제공하던 신용의 일부는 점차 은행 밖으로 이동하기 시작했다. 그리고 그 빈 공간을 채운 것이 바로 사모신용시장이었다.

## 사모신용시장의 급격한 성장

2008년 이후 사모신용시장은 빠르게 성장했다. 글로벌 사모신용시장 규모는 금융위기 이전에는 비교적 작은 영역에 머물러 있었지만, 이후 10여 년 동안 폭발적인 확장을 경험했다.

전통적으로 은행이 담당하던 중소기업 대출, 레버리지 인수금융, 프로젝트 파이낸싱(Project Financing)의 상당 부분이 점차 비은행 금융기관으로 이동했다.

이 시장의 주요 참여자는 다음과 같다.

- 사모펀드
- 연기금
- 보험사
- 대형 자산운용사

이들은 투자자 자금을 모아 기업에 직접 대출을 제공하거나, 장기 프로젝트 금융을 제공하는 방식으로 시장에 참여한다.

사모신용시장은 다음과 같은 특징을 가진다.

- 비공개 대출 구조
- 장기 고금리 대출
- 제한적인 유동성
- 내부 모델 기반 가치 평가

이러한 구조 때문에 사모신용시장은 겉보기에는 매우 안정적으로 보인다. 그 이유는 단순하다. 가격이 매일 표시되지 않기 때문이다. 주식과 채권 같은 공개시장 자산은 매일 거래가 이루어지고 가격이 즉각적으로 변한다. 투자자는 시장 상황에 따라 언제든지 매도할 수 있으며, 가격 변동도 실시간으로 나타난다.

그러나 사모신용 자산은 다르다. 대부분의 자산은 실제 시장 거래가 거의 없으며, 분기별 평가를 통해 가치가 산정된다. 변동성이 존재하더라도 그것이 즉각적으로 가격에 반영되지는 않는다. 이 구조는 사모신용시장을 겉보기에는 매우 안정적인 자산처럼 보이게 만든다.

## 가격과 유동성의 분리

공개시장 자산에서는 가격 발견(price discovery)이 매우 빠르게 이루어진다. 투자자는 언제든지 자산을 매도할 수 있고 시장 가격은 즉각적으로 형성된다.

그러나 사모신용 자산은 전혀 다른 구조를 가진다. 가격은 대부분 순자산가치(Net Asset Value, NAV) 평가를 통해 산정된다. 이 평가는 일반적으로 분기 단위로 이루어지며, 내부 모델을 기반으로 계산되는 경우가 많다.

이러한 방식은 상승기에는 매우 안정적으로 보인다. 가격 변동이 작고 손실이 즉각적으로 드러나지 않기 때문이다.

그러나 위기 상황에서는 이 구조가 문제로 드러난다. 투자자들이 환매를 요구하거나 유동성이 필요한 순간이 오면 시장 참여자들은 실제로 거래 가능한 가격을 찾아야 한다. 그리고 그 가격은 종종 장부 가치보다 낮게 형성된다. 즉 사모신용시장에서는 가격과 유동성이 분리되어 있다. 평상시에는 이 분리가 문제를 일으키지 않는다. 그러나 시장 스트레스가 발생하는 순간 그 괴리가 드러난다.

## 보이지 않는 레버리지

사모신용시장의 위험은 단순히 대출 자체에 있는 것이 아니다. 더 중요한 문제는 구조적 특성이다. 많은 사모신용펀드는 투자자에게 일정 수준의 환매 권리를 제공한다. 그러나 펀드가 보유한 기초자산은 대부분 장기 대출이다. 이 구조에는 만기 불일치(maturity mismatch)가 존재한다.

투자자는 비교적 짧은 기간 내에 환매를 요구할 수 있지만, 펀드가 보유한 자산은 수년 동안 묶여 있는 대출이다. 평상시에는 이 문제가 드러나지 않는다. 그러나 환매 요구가 증가하면 펀드는 현금을 마련해야 한다. 가능한 선택지는 신규 투자자 유치, 추가 차입, 자산 매각 등으로 제한적이다.

이때 시장 유동성이 부족하면 자산 매각은 할인 가격으로 이루어질 가능성이 높다. 그리고 이러한 할인 매각은 결국 펀드의 NAV 하락으로 이어진다. 이 과정에서 사모신용시장에 존재하던 보이지 않던 레버리지가 드러나기 시작한다.


## 2008년과의 구조적 유사성

2008년 금융위기 이전의 구조화 금융시장 역시 표면적으로는 매우 안정적으로 보였다. 부채담보부증권(CDO)은 다양한 대출을 하나의 구조로 묶고 이를 여러 계층(tranche)으로 나누어 투자자에게 판매하는 금융상품이었다. 신용평가사는 이러한 구조에 높은 신용등급을 부여했고, 투자자들은 위험이 충분히 분산되었다고 믿었다.

그러나 실제로는 위험이 사라진 것이 아니었다. 위험은 단지 금융 시스템 내부에 농축되어 있었을 뿐이었다.

사모신용시장이 2008년 구조와 완전히 동일하다고 말할 수는 없다. 그러나 하나의 중요한 공통점은 존재한다. 위험이 사라진 것이 아니라 보이지 않는 곳으로 이동했을 가능성이다. 금융 시스템은 종종 위험을 제거하기보다는 다른 곳으로 이동시키는 방식으로 안정성을 확보하려 한다.

저금리 환경에서는 사모신용 투자 매력이 매우 높아 보인다. 연 8~10% 수준의 수익률은 연기금과 보험사 같은 장기 투자자에게 매력적인 투자 대상이었다. 특히 글로벌 금융위기 이후 장기간 지속된 초저금리 환경은 투자자들이 더 높은 수익률을 찾도록 만들었다.

그러나 금리가 상승하면 상황은 달라진다. 차입 비용이 증가하고 기업의 이자 부담이 확대된다. 차환(refinancing) 위험도 커진다. 이 과정에서 기업 부실이 증가하면 사모신용펀드의 NAV는 압박을 받게 된다. 그리고 시장은 비로소 실제 손실 가능성을 가격에 반영하기 시작한다.

## AI와 사모신용의 연결

데이터센터, 전력 인프라, GPU 클러스터 등 AI 인프라 프로젝트는 막대한 자본을 요구한다. 이러한 프로젝트는 대개 장기 금융 구조를 필요로 한다. 그러나 은행은 장기 프로젝트 금융에 대해 점점 더 보수적인 태도를 취하고 있다.

이때 다음과 같은 사모신용이 중요한 역할을 하게 된다.


- 데이터센터 프로젝트 파이낸싱
- 에너지 인프라 차입
- 특수목적법인(SPV) 구조


AI는 기술 산업으로 보이지만 자본 구조 측면에서는 인프라 금융 산업에 가깝다. 즉 AI 자본지출(CAPEX)의 상당 부분이 사모신용을 통해 조달될 가능성이 높다.

그러나 과다한 사모신용시장에서 위기가 현실화되는 전형적인 경로는 다음 그림과 같다.

이 과정은 공개시장보다 느리게 시작된다. 그러나 한 번 시작되면 확산 속도는 매우 빠를 수 있다.

사모신용시장은 겉으로 보기에는 변동성이 낮아 보인다. 그러나 이는 가격이 매일 측정되지 않기 때문이다. 이러한 구조는 리스크 모델의 착시를 만든다. 과거 변동성이 낮게 기록될수록 투자 포트폴

리오에서 사모신용의 비중은 더 확대된다. 그리고 그 과정에서 위험은 조용히 축적된다.

## 사모신용 위험 가능성 높아

사모신용시장은 2008년 이후 금융 시스템의 중요한 축으로 성장했다. 그 자체가 위기의 원인이라는 뜻은 아니다. 그러나 다음 세 가지 사실은 분명하다.

유동성은 제한적이다.

평가 가격은 지연된다.

레버리지는 보이지 않는다.

AI 시대의 거대한 자본 수요가 이러한 시장 구조와 결합할 경우 금융 시스템의 충격 전염 경로는 과거보다 훨씬 복잡해질 수 있다. 그리고 역사적으로 금융위기는 언제나 보이지 않던 레버리지가 드러나는 순간에 시작되었다.

  제1부 | 혁명은 언제나 신용과 함께 온다

# 제9장

# 블루아울 사건:
# 균열의 시작인가

왜 '환매 제한(redemption gate)'은 중요한 신호인가.

공개시장에서 주가가 하락하는 것은 일상적인 일이다. 주식시장은 가격 변동을 통해 정보를 반영하며, 투자자들은 이러한 변동성을 시장의 자연스러운 속성으로 받아들인다.

그러나 사모신용시장에서 환매 제한이 발생하는 것은 전혀 다른 의미를 가진다. 환매 제한은 단순한 가격 하락이 아니라 유동성 구조의 균열을 의미하기 때문이다.

사모신용펀드는 일반적으로 투자자에게 일정 수준의 환매 권리를 제공한다. 그러나 펀드가 보유한 기초자산은 대부분 장기 대출이다. 이 때문에 투자자의 환매 요구와 기초자산의 유동성 사이에는 구조적인 긴장이 존재한다.

환매 제한은 기초자산의 유동성과 투자자의 환매 요구 사이에 균열이 발생했다는 신호다. 즉 이는 단순한 가격 변동이 아니라 금융 구조 내부에서 나타나는 유동성 문제다. 금융 역사에서 이러한 신호는 종종 위기의 초기 단계에서 나타났다.

## 사모신용펀드의 구조

사모신용펀드는 일반적으로 다음과 같은 구조를 가진다.

- 장기 대출 자산 보유
- 분기별 NAV 평가
- 제한적 환매 조건

투자자들은 펀드에 자금을 맡기고, 펀드는 그 자금을 기업 대출이나 프로젝트 금융에 투자한다. 대출은 대부분 수년 단위의 만기를 가지며 기업은 정기적으로 이자를 지급한다. 상승기에는 이러한 구조가 매우 안정적으로 보인다. 차입 기업은 이자를 정상 지급하고, NAV는 안정적으로 유지되며, 수익률은 매력적으로 보인다. 특히 공개시장 자산과 달리 가격 변동이 즉각적으로 드러나지 않기 때문에 사모신용펀드는 안정적인 투자 자산처럼 보인다.

그러나 금리 상승, 기업 실적 둔화 등 차환 환경이 바뀌면 균열은 빠르게 드러난다. 이러한 변화는 결국 대출 기업의 상환 능력에 영향을 미치게 된다.

## 균열의 시작: 블루아울 사건

2025년 이후 사모신용시장에서는 하나의 중요한 사건이 등장했다. 바로 블루아울(Blue Owl Capital)의 사모신용펀드인 'OBDC II' 환매 문제였다.

초기에는 환매 요청 증가라는 비교적 작은 신호로 시작되었다. 그러나 시간이 지나면서 이 사건은 사모신용시장 구조에 대한 의문을 던지는 계기가 되었다.

2025년에는 OBDC II 펀드에서 환매 요청이 전년 대비 약 20% 증가했다. 이는 리테일 투자자들의 환매 압력이 높아지고 있다는 첫 번째 신호였다.

2025년 11월에는 또 다른 사건이 발생했다. 블루아울은 비상장 펀드인 OBDC II를 상장 기업투자회사(Business Development Company, BDC)와 합병하려는 계획을 발표했다. 그러나 제시된 조건은 NAV 대비 약 20% 할인된 가격이었다. 투자자들은 이 조건에 강하게 반발했고, 결국 합병 계획은 무산되었다.

이 사건은 시장에 중요한 질문을 던졌다.

현재 NAV는 실제 거래 가능한 가격과 얼마나 가까운가?

## 환매 구조의 변화

2026년 2월 19일 블루아울은 중요한 결정을 발표했다. OBDC II 펀드의 분기 환매 구조를 종료하고 대신 투자자들에게 NAV의 약 30%를 환급하는 방식으로 구조를 전환하겠다고 발표한 것이다. 이는 사실상 기존 환매 정책의 종료를 의미했다.

환급 재원을 마련하기 위해 블루아울은 약 14억 달러 규모의 대출 자산을 매각했다. 매각 가격은 약 99.7% 수준으로 비교적 높은 가격에서 이루어졌지만, 시장은 이 사건을 단순한 자산 매각 이상으로 해석했다.

이 시점에서 투자자들은 다시 한번 질문을 던지기 시작했다.

사모신용 자산의 실제 유동성은 얼마나 되는가?

이 사건 이후 시장에서는 또 다른 움직임이 나타났다. 헤지펀드인 '사바 캐피털(Saba Capital)'과 '콕스 캐피털(Cox Capital)'이 OBDC II 지분에 대해 NAV 대비 약 35% 할인된 가격으로 공개매수 의향을 밝힌 것이다. 이는 NAV 대비 약 65% 가격 수준이었다. 이 제안은 단순한 투자 기회가 아니라 시장에 강한 메시지를 던졌다. 현재 장부 가치가 실제 거래 가능한 가격과 크게 다를 수 있다는 가능성이다.

이 순간 사모신용시장에서는 'price discovery', 즉 실제 가격 발견 과정이 시작되었다.

## 시장 전체로의 확산

블루아울 사건은 단순히 하나의 펀드 문제로 끝나지 않았다. 2026년 초에는 다른 대형 운용사에서도 환매 압력이 나타나기 시작했다. 블랙스톤(Blackstone)의 리테일 사모대출 펀드 'BCRED'에서는 약 7.9% 수준의 환매 요청이 발생했다. 이는 약 37억 달러 규모였다. 블랙스톤은 환매 압력을 완화하기 위해 약 4억 달러 규모의 회사 자금을 투입해 환매 요청을 전량 수용했다.

반면 블랙록(BlackRock)의 'HLEND' 펀드는 약 9.3%의 환매 요청이 발생했지만, 펀드 규정에 따라 분기 환매 한도인 5%만 적용하기로 결정했다.

이 사건들은 중요한 사실을 보여준다. 사모신용시장에서 나타난 균열은 특정 운용사에만 국한된 것이 아니라, 시장 전반의 투자 심리 변화와 연결될 수 있다는 점이다.


## 금리 상승과 차환 위험

금리가 상승하면 기업의 이자 부담은 빠르게 증가한다. 특히 변동금리 구조의 대출은 이러한 영향을 더욱 크게 받는다. 이 과정에서 다음과 같은 구조적 위험이 나타난다.

- 이자 보상 배율 하락
- 차환 비용 급증
- 신용등급 하락
- 신용 스프레드 확대

기업이 차환에 실패하면 디폴트 가능성은 급격히 높아진다. 그리고 이때부터 사모신용펀드의 NAV 역시 압박을 받기 시작한다.

## AI 인프라와의 연결

앞 장에서 살펴본 것처럼 AI 인프라 프로젝트는 막대한 자본을 요구한다.

- 데이터센터 건설
- 전력 인프라 투자
- GPU 클러스터 구축
- 특수목적법인(SPV) 구조

이러한 프로젝트는 장기 금융 구조를 필요로 한다. 은행이 이러한 금융에 보수적인 태도를 취하면서 일부 자금은 사모신용시장을 통해 조달되고 있다.

AI 산업은 기술 산업이지만 자본 구조 측면에서는 인프라 금융 산업에 가깝다. 만약 AI 수익화 속도가 둔화되고 금리 환경이 악화된다면 다음과 같은 경로가 형성될 수 있다.

이 구조는 단순한 주가 조정이 아니라 신용시장의 문제다.

## 균열인가, 시작인가

하나의 사건이 곧바로 금융 시스템의 위기를 의미하지는 않는다. 금융시장은 언제나 크고 작은 충격을 경험하며, 많은 사건은 국지적인 문제로 끝난다.

그러나 중요한 것은 사건 자체가 아니라 신호(signal)다. 금융시장에는 오래된 격언 하나가 있다. 이른바 '바퀴벌레 이론(cockroach theory)'이다. 부엌에서 바퀴벌레 한 마리를 발견했다면, 보이지 않는

곳에 더 많은 개체가 숨어 있을 가능성이 높다는 의미다.

월가에서는 이 격언을 다음과 같이 해석한다. 어떤 부실 사건이 처음 드러났다면, 그것은 단지 하나의 사건이 아니라 시스템 내부에 축적된 문제의 신호일 수 있다는 것이다. 이와 관련해 미국 최대 은행인 제이피모건 체이스(JPMorgan Chase)의 최고경영자(CEO)인 제이미 다이먼(Jamie Dimon)은 여러 차례 비슷한 경고를 해왔다. 그는 금융위기에 대해 이렇게 말한 바 있다.

"위기는 갑자기 나타나는 것이 아니라 오랜 시간 동안 축적된 뒤 드러난다."

시스템 내부에서 위험이 쌓이는 동안 시장은 종종 이를 인식하지 못한다. 작은 균열이 처음 등장했을 때 시장은 이를 개별 사건으로 해석하려는 경향이 있다. 그러나 금융 시스템이 신용으로 연결되어 있는 이상, 하나의 균열은 다른 균열과 연결되어 있을 가능성이 높다.

이러한 관점에서 보면 블루아울 사건은 단순한 펀드 운용상의 문제가 아니라 사모신용시장의 구조에 대해 몇 가지 근본적인 질문을 던진다.

레버리지는 어디까지 축적되었는가?

금리 환경 변화에 금융 구조는 얼마나 취약한가?

펀드의 NAV는 실제 시장 가격을 충분히 보수적으로 반영하고 있는가?

이 질문들은 단순한 기술적 문제가 아니다. 금융 시스템이 얼마나 신뢰 위에 서 있는가를 묻는 질문이다.

금융위기는 종종 가격 하락으로 시작되는 것처럼 보인다. 그러나 실제로는 그 반대다.

위기는 가격이 아니라 신뢰의 균열에서 시작된다. 신뢰가 흔들리면 신용이 줄어들고, 신용이 줄어들면 가격은 그다음에 움직인다.

블루아울 사건이 곧바로 시스템 위기를 의미하지는 않는다. 사모신용시장의 규모와 구조를 고려할 때 단일 사건만으로 금융 시스템 전체가 흔들릴 가능성은 제한적일 수 있다. 그러나 이 사건은 하나의 구조적 질문을 남긴다.

AI 시대의 자본 조달 구조는 얼마나 신용에 의존하고 있는가?

데이터센터, 반도체, 전력 인프라와 같은 AI 산업의 핵심 투자는 막대한 선투자를 필요로 한다. 이러한 투자의 상당 부분은 채권, 구조화 금융, 그리고 사모신용을 통해 조달된다.

즉 AI 혁명은 단순한 기술 혁명이 아니라 자본과 신용이 결합된 산업혁명이다. 기술은 진짜다. AI는 실제로 경제 구조를 바꾸고 있다. 그러나 금융 시스템에서 중요한 것은 기술만이 아니다. 그 기술을 지탱하는 자본 구조와 신용의 안정성이다.

신용은 상승을 증폭시키지만 동시에 하락도 증폭시킨다. 그리고 금융 역사에서 반복적으로 확인되듯, 신용이 흔들리기 시작하면 가격은 그다음에 움직인다.

바퀴벌레 이론이 말하듯, 우리가 처음 보는 균열은 종종 이미 존재하고 있던 구조적 위험의 첫 번째 신호일 수 있다.

# 제10장

# AI 버블 붕괴의
# 세 가지 시나리오

AI 산업이 과열 국면에 진입했다고 가정해보자. 많은 투자자들은 단순한 질문을 던진다.

"버블은 붕괴하는가?"

그러나 역사적으로 이 질문은 충분하지 않다. 더 중요한 질문은 다음이다.

"붕괴는 어떤 방식으로 전개되는가?"

자산 버블의 붕괴는 항상 동일한 방식으로 진행되지 않는다. 어떤 경우에는 가격이 먼저 붕괴하고, 어떤 경우에는 신용이 먼저 멈추며, 또 어떤 경우에는 통화 시스템 자체가 압박을 받는다.

역사는 대체로 세 가지 다른 유형의 붕괴를 보여주었다.

- 가격형 붕괴(2000년형)

- 신용형 붕괴(2008년 변형)

- 정책형 붕괴(통화·부채 충돌형)


이 세 구조는 단순한 변형이 아니다. 시장 전염 경로, 정책 대응, 실물경제 충격이 모두 다르다.


## 시나리오 1: 가격형 붕괴(2000년형)

가격형 붕괴는 가장 전형적인 기술 버블의 붕괴 방식이다. 구조는 비교적 단순하다.

```
AI 테마 주가 급등
```

→ 미래 성장 기대 과열

→ 실적 미달

→ 밸류에이션 조정

→ 자산 가격 급락

이 경우 붕괴의 중심은 주식시장이다. 가격이 먼저 움직이고 금융 시스템은 뒤따라 조정된다.

가격형 붕괴의 특징은 다음과 같다.

- 주가 중심 조정

- 신용 시스템은 유지

- 통화정책 여력 존재

- 실물 경기 충격은 제한적

대표적인 사례가 2000년 닷컴 버블이다. 당시 나스닥 지수는 약 80% 하락했다. 수많은 인터넷 기업이 파산했다. 그러나 금융 시스템 자체는 붕괴하지 않았다. 은행 시스템은 안정적이었고, 신용시장 역시 완전히 멈추지 않았다. 닷컴 붕괴는 가격 조정이었지, 금융위기는 아니었다.

AI에 적용하면 AI 버블이 가격형으로 붕괴할 경우 다음과 같은 경로가 나타날 수 있다.

**AI 기업 밸류에이션 하락**

→ PER 압축

→ CAPEX 투자 둔화

→ 반도체 수요 조정

→ IT 섹터 실적 하향

AI 산업은 여전히 존재하지만, 투자 기대가 현실로 수렴하는 과정이 발생한다. 이 경우 글로벌 시장에서는 다음과 같은 현상이 나타날 가능성이 높다.

- AI 관련 기술주 급락
- 반도체 사이클 조정
- 벤처 투자 감소
- IPO 시장 위축

그러나 은행 시스템과 신용시장이 안정적이라면, 이 조정은 자산 가격 범위에 머물 가능성이 높다. 가격형 붕괴는 고통스럽지만, 경제 시스템 관점에서는 가장 건강한 조정이다. 가격은 하락하지만 신용은 유지되기 때문이다. 경제는 시간이 지나면 새로운 성장 국면으로 복귀할 수 있다.

## 시나리오 2: 신용형 붕괴(2008년 변형)

두 번째 시나리오는 훨씬 더 위험하다. 이 경우 붕괴의 중심은 가격이 아니라 신용이다.

구조는 다음과 같다.

┌─────────────────┐
│ **AI CAPEX 확대** │
└─────────────────┘

→ 사모신용 및 레버리지 확대

→ 금리 상승 또는 매출 둔화

→ 차환 부담 증가

→ 환매 제한

→ 신용 스프레드 급등

이 구조는 2008년 금융위기와 유사하지만 중요한 차이가 있다. 2008년 위기의 중심은 은행이었다. 그러나 AI 시대에는 비은행 금융이 중심이 될 가능성이 있다. 특히 다음 영역이 핵심이 될 수 있다.

- 사모신용
- 레버리지론
- 프로젝트 파이낸싱
- 특수목적법인(SPV) 구조

신용형 붕괴의 전염 경로는 다음 그림과 같다.

이 구조에서는 신용 스프레드가 핵심 지표가 된다. 스프레드가 확대되면 기업의 차입 비용은 빠르게 상승한다. 기업의 투자와 고용은 축소된다. 그리고 경제는 급격히 둔화된다.

신용형 붕괴의 특징은 다음과 같다.

- 유동성 경색
- 세컨더리 시장 할인 확대
- 환매 제한 증가
- 통화정책 대응 필요

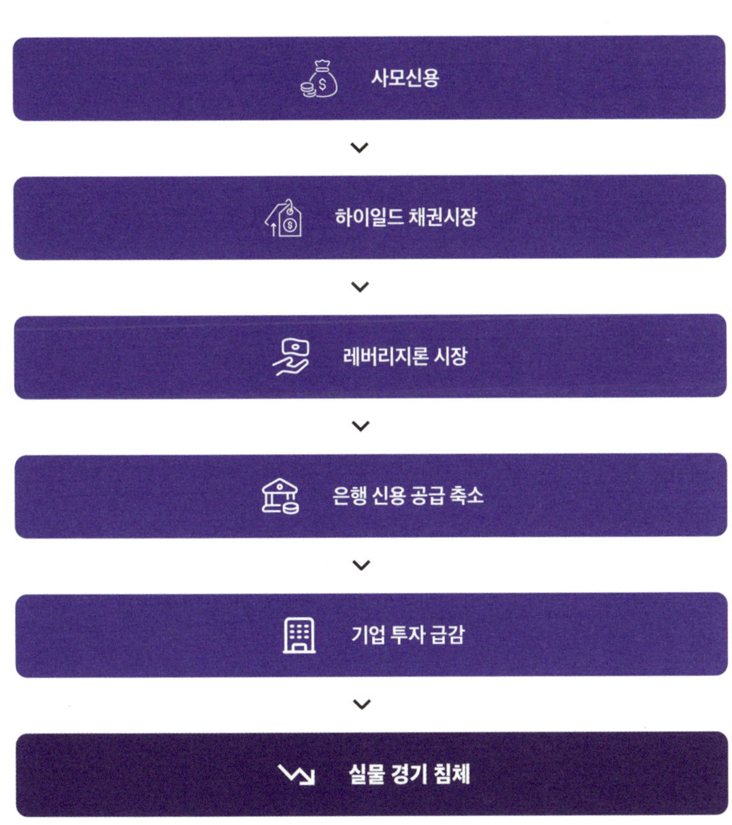



이 경우 조정은 단순한 버블 붕괴가 아니라 금융 시스템 리스크로 확산된다. 가격은 결과일 뿐이다. 문제의 본질은 신용이 멈춘다는 사실이다.

세 번째 시나리오는 더욱 복잡하다. 이 경우 위기의 핵심은 가격이나 신용이 아니라 통화정책이다. 전제 조건은 다음과 같다.

이미 정부 부채가 매우 높은 상태에서 금융 시스템 충격이 발생한다. 이때 중앙은행은 금리 인하, 양적 완화 등 유동성 공급 확대를 선택하도록 강요받는다. 그러나 문제는 여기에 있다. 다음 세 가지 제약이 동시에 존재할 수 있다.

- 인플레이션 압력
- 통화 신뢰 문제
- 재정 여력 제한
- 통화와 자산의 충돌

이 경우 중앙은행은 딜레마에 빠진다. 금리를 인하하면 금융 시스템은 안정될 수 있다. 그러나 동시에 통화 가치가 약화될 수 있다. 이때 위기의 형태는 변한다. 가격 붕괴가 아니라 통화 가치 문제로 이동한다.

인플레이션 상황에서 중앙은행이 금리를 내리면 실질금리가 마이너스가 된다. 이때 자산 가격은 명목상 유지될 수 있다. 그러나 이는 착시일 수 있다. 자산 가격은 유지되지만 화폐의 구매력이 하락하기 때문이다. 이 경우 투자자들은 금이나 원자재 등 실물 자산과 대

| 구분 | 가격형 붕괴 | 신용형 붕괴 | 정책형 붕괴<br>(통화·부채 충돌형) |
| --- | --- | --- | --- |
| 시작점 | 주가 | 신용시장 | 통화·부채 |
| 전염 속도 | 중간 | 빠름 | 정책 의존 |
| 실물경제 영향 | 제한적 | 심각 | 인플레이션 압력 |
| 통화정책 대응 | 여력 충분 | 정책 대응 필요 | 제약적 |
| 자산시장 영향 | PER 축소,<br>기술주 조정 | 디폴트 증가,<br>신용 스프레드 확대 | 화폐 가치 하락,<br>실물 자산 상승 |

체 통화로 이동한다. 결국 위기의 중심은 금융 시스템이 아니라 통화 질서가 된다.

## AI는 어느 경로에 가까운가

AI 산업은 과거의 두 위기 구조를 동시에 내포하고 있다.

한편으로는 2000년 닷컴 버블과 유사한 기술 낙관이 존재한다. 다른 한편으로는 2008년 금융위기와 유사한 신용 의존 구조가 형성될 가능성도 나타나고 있다.

이 두 구조는 겉으로는 비슷해 보일 수 있지만, 위기의 성격을 완전히 다르게 만든다.

2000년의 인터넷 버블은 기본적으로 자본시장 중심의 거품이었다. 기업들은 주로 주식 발행과 벤처 자금을 통해 자금을 조달했다. 따라서 거품이 붕괴되었을 때 피해는 컸지만 금융 시스템 전체가 마비되지는 않았다.

반면 2008년 위기는 신용 구조 중심의 거품이었다. 부동산 가격 상승 자체보다 더 위험했던 것은 그 자산 위에 구축된 막대한 레버리지 구조였다. 주택담보대출은 MBS와 CDO 같은 구조화 금융상품으로 재포장되었고, 이 상품들은 글로벌 금융기관의 대차대조표에 편입되었다.

결국 문제가 발생했을 때 가격 하락은 단순한 자산 조정이 아니라 금융 시스템 전체의 신뢰 붕괴로 이어졌다.

AI 산업은 이 두 가지 구조의 중간 지점에 서 있다. 만약 AI 자본지출(CAPEX)이 주로 주식시장 자본을 통해 조달된다면, AI 버블은 구조적으로 2000년형 버블에 가까워질 것이다. 이 경우 기업 가치가 과대평가될 수는 있지만 금융 시스템 자체가 위기에 빠질 가능성은 상대적으로 낮다.

그러나 다음과 같은 요소들이 확대되기 시작하면 상황은 달라진다.


- 사모신용 확대
- 프로젝트 파이낸싱
- 특수목적법인(SPV) 구조

   

- 레버리지 투자

이러한 구조가 확대될 경우 AI 산업의 금융 구조는 점점 신용 중심 구조로 이동하게 된다. 특히 AI 데이터센터와 같은 인프라 투자에서는 이미 이러한 조짐이 나타나고 있다.

대규모 데이터센터 건설에는 막대한 초기 자본이 필요하다. 이 투자 자금이 단순한 기업 자본이 아니라 프로젝트 금융과 사모신용을 통해 조달될 경우, AI 산업은 점점 더 부채 기반 투자 구조로 전환될 가능성이 있다. 이때 AI 버블은 단순한 기술주 거품이 아니라 신용 사이클의 일부로 편입된다. 그리고 그 순간 위기의 성격은 완전히 달라진다.

## AI 버블을 결정하는 세 가지 변수

AI 버블의 전개를 결정하는 핵심 변수는 세 가지다.

첫째, 실질금리(real interest rate). 실질금리는 장기 투자 프로젝트의 경세성을 결정한다.

AI 인프라 투자는 대부분 장기 프로젝트이기 때문에 실질금리가 상승하면 투자의 현재 가치가 크게 하락한다. 특히 데이터센터와 같은 자산은 장기 할인율 변화에 매우 민감한 구조를 가지고 있다.

둘째, 신용 스프레드(credit spread). 신용 스프레드는 금융 시스템의 위험 인식을 반영한다.

스프레드가 확대되기 시작하면 레버리지 구조는 급격히 불안정해진다. 신용시장이 경색되면 기업들은 차환을 하지 못하게 되고, 이는 투자 축소와 자산 매각을 동시에 유발한다. 역사적으로 금융위기는 대부분 가격시장보다 신용시장에서 먼저 시작되었다.

셋째, CAPEX 대비 현금흐름 비율. AI 산업의 가장 중요한 특징 중 하나는 투자 규모가 현금흐름을 크게 앞지르고 있다는 점이다.

대형 기술기업들은 데이터센터 구축, GPU 인프라, 전력 인프라, 네트워크 인프라에 막대한 투자를 진행하고 있다. 문제는 이러한 투자가 미래 수익을 전제로 이루어지고 있다는 점이다. CAPEX 대비 현금흐름 비율이 지속적으로 악화될 경우 AI 산업은 점점 더 외부 금융 의존 구조로 이동하게 된다.

AI 버블이 존재하는지 여부보다 더 중요한 것은 구조다. 금융위기의 핵심 질문은 언제나 다음과 같다.

가격이 먼저 무너질 것인가.
신용이 먼저 멈출 것인가.
통화가 먼저 흔들릴 것인가.

이 세 가지는 서로 다른 차원의 위기다.

가격 붕괴는 자산시장 위기다.

   

신용 붕괴는 금융 시스템 위기다.

통화 붕괴는 국제 질서의 위기다.

역사는 이 세 단계가 점점 더 큰 규모의 충격을 의미한다는 사실을 보여준다.

가격 붕괴는 고통스럽지만 회복 가능하다. 2000년 닷컴 버블이 그 사례다.

그러나 신용 붕괴는 경제 시스템 전체를 흔든다. 2008년 금융위기는 단순한 자산 조정이 아니라 글로벌 금융 네트워크의 마비였다.

그리고 통화 붕괴는 그보다 더 큰 변화를 의미한다. 통화 질서가 흔들리면 금융 시스템뿐 아니라 세계 경제 질서 자체가 재편된다.

이러한 이유로 금융위기를 이해할 때 가장 중요한 질문은,

"버블이 있는가?"가 아니라

"위험이 어디에 축적되고 있는가?"

라는 질문이다.

AI 시대의 금융 시스템도 결국 같은 질문 앞에 서 있다.

현재 위험은 사모신용에 누적되고 있다.

# 제11장

# 전쟁과 에너지:
# AI 버블의 숨겨진 트리거

AI 산업의 미래를 논할 때 많은 투자자들은 반도체, 알고리즘, 데이터센터를 떠올린다. 그러나 기술 혁명은 언제나 물리적 자원 위에 구축된다. 전력, 에너지, 금속, 물류와 같은 기반 인프라 없이는 어떠한 디지털 혁명도 작동할 수 없다. AI 역시 예외가 아니다.

최근 미국과 이란 간 군사 충돌로 인해 중동 지역의 긴장이 급격히 고조되면서 글로벌 에너지 시장은 다시 한번 지정학적 리스크의 중심에 서게 되었다. 특히 세계 원유 공급의 핵심 통로인 호르무즈 해협(Strait of Hormuz)이 위협받는 상황에서 유가는 빠르게 상승 압력을 받고 있다. 이 해협을 통과하는 원유는 하루 약 2,000만 배럴, 전 세계 해상 원유 교역의 약 20%를 차지한다.

표면적으로 보면 유가 상승은 단순한 에너지 가격 문제처럼 보일 수 있다. 그러나 역사적으로 유가 충격은 금융 사이클의 전환점이 되는 경우가 많았다. 1973년과 1979년의 오일 쇼크는 세계 경제의 구조를 바꾸었고, 1990년 걸프전 역시 금융시장의 변동성을 급격히 확대시켰다. 에너지 가격은 단순한 상품 가격이 아니라 거시경제의 핵심 변수다. AI 버블과의 연결은 바로 여기에서 시작된다.

## 에너지 가격과 AI CAPEX

AI 산업은 종종 '소프트웨어 혁명'으로 묘사되지만, 실제로는 에너지 집약적 산업이다. 대규모 언어 모델(Large Language Model, LLM)을 훈련시키는 과정에는 막대한 연산 능력이 필요하며, 연산은 곧 전력을 의미한다. 데이터센터는 이미 산업용 전력 소비의 핵심 수요처로 떠올랐고, 일부 분석에 따르면 차세대 AI 데이터센터는 기가와트(GW) 단위의 전력 계약을 필요로 한다.

이러한 구조는 AI 투자를 단순한 IT 투자에서 에너지 인프라 투자로 변화시키고 있다. 데이터센터 건설에는 GPU와 서버뿐 아니라 냉각 시스템, 전력망 확장, 상기 전력구매계약(Power Purchase Agreement, PPA)이 포함된다. 결국 AI CAPEX의 상당 부분은 전력과 에너지 가격에 민감하게 반응한다.

만약 유가 급등이 전력 가격 상승으로 이어진다면 AI 산업의 비용 구조는 빠르게 변화할 수 있다. 전력 비용 상승은 데이터센터 운영 비용을 높이고, 이는 AI 서비스의 수익성을 압박한다. 특히 아직 명확한 수익 모델을 확보하지 못한 AI 기업에게는 이러한 비용 상승이 큰 부담이 될 수 있다.

## 유가 충격, 물가와 금리 상승

에너지 가격 상승의 두 번째 파급 경로는 인플레이션이다. 유가 상승은 운송 비용, 생산 비용, 전력 비용을 동시에 끌어올린다. 이 과정에서 소비자물가 상승 압력이 확대된다. 중앙은행은 이러한 인플레이션 압력을 무시할 수 없다.

금융시장에서 가장 중요한 변수 중 하나는 실질금리다. 실질금리는 자산 가격을 결정하는 핵심 변수이며, 특히 장기 성장 산업의 밸류에이션에 큰 영향을 미친다. AI 기업의 상당수는 현재 수익보다 미래 성장에 기반해 평가된다. 이러한 기업의 가치 평가 모델은 대개 할인율에 매우 민감하다.

만약 유가 상승이 인플레이션을 자극하고 중앙은행이 금리 인하를 지연하거나 다시 금리를 인상해야 한다면, AI 기업의 밸류에이션은 즉각적인 압박을 받게 된다. 높은 할인율은 미래 현금흐름의 현재 가치를 낮추기 때문이다.

이 과정에서 AI 산업은 단순한 기술 테마에서 금리 민감 자산으로 변할 수 있다.

## 신용 구조의 압박

AI 산업의 또 다른 취약점은 자본 구조다. 데이터센터와 인프라 프로젝트는 막대한 초기 투자를 요구하며, 이러한 투자는 종종 부채를 통해 조달된다. 특히 최근 몇 년 동안 은행 규제가 강화되면서 장기 프로젝트 금융의 상당 부분이 사모신용시장으로 이동했다.

사모신용시장은 높은 수익률을 제공하지만 동시에 금리 환경에 매우 민감하다. 유가 상승이 인플레이션을 자극하고 금리가 높은 수준을 유지하면 차입 기업의 이자 부담은 빠르게 증가한다. 이 과정에서 차환 위험이 확대될 수 있다.

> **차환 비용 상승**

→ 기업 현금흐름 압박

→ 신용 스프레드 확대

→ 사모신용펀드 NAV 압박

→ 환매 요구 증가

이러한 전이 경로는 AI 산업의 문제를 신용시장의 문제로 확장시킬 수 있다.

## 지정학적 충격의 금융 효과

전쟁은 금융시장에서 두 가지 효과를 동시에 만든다.

첫째는 위험 회피(risk-off)다. 투자자들은 위험 자산에서 자금을 회수하고 안전 자산으로 이동한다. 이 과정에서 기술주와 같은 고위험 자산은 큰 조정을 받을 수 있다.

둘째는 유동성 경색 가능성이다. 지정학적 충격이 지속될 경우 글로벌 금융기관은 위험 노출을 줄이기 위해 대출과 투자 활동을 축소할 수 있다. 이러한 움직임은 신용시장의 유동성을 빠르게 줄인다.

이 두 요소가 동시에 발생할 경우 AI 버블의 붕괴는 단순한 가격 조정이 아니라 신용형 붕괴로 발전할 가능성이 높아진다.

역사를 돌아보면 기술 버블과 에너지 충격이 결합된 사례는 드물지 않다. 1970년대 오일 쇼크는 기술 산업의 성장 속도를 늦추었고, 2000년대 중반 유가 상승은 글로벌 금융 시스템의 취약성을 확대했다. 기술 혁명은 종종 낙관을 낳지만, 에너지 충격은 그 낙관을 현실로 끌어내린다. 기술은 미래를 향해 움직이지만, 에너지 가격은 현재의 비용 구조를 바꾸기 때문이다.

AI 버블의 붕괴를 촉발하는 요인은 반드시 기술 내부에서 나오지 않을 수도 있다. 때로는 외부의 거시경제 충격이 더 큰 역할을 한다. 중동 전쟁과 같은 지정학적 사건이 유가 급등을 촉발한다면 그 충격은 다음과 같은 경로를 따라 확산될 수 있다.

┌─────────┐
│ **유가 상승** │
└─────────┘

→ 인플레이션 확대

→ 금리 상승 또는 금리 인하 지연

→ AI 밸류에이션 압박

→ CAPEX 축소

→ 신용시장 긴장


이 과정은 기술 버블의 붕괴를 촉발하는 거시경제적 트리거가 될 수 있다. AI는 분명 실제 혁명이다. 그러나 혁명 역시 에너지와 금융이라는 두 현실 위에서 작동한다.

그리고 역사적으로 금융시장의 버블은 종종 내부의 과열이 아니라 외부의 충격에 의해 터졌다.

# 제2부

# AI 이후의 세계

# 제12장

# 트럼프 2기 이후의
# 세계 질서

## G1인가, G0인가

트럼프 2기 행정부가 출범하면서 국제 질서는 다시 중요한 질문 앞에 서 있다. 앞으로의 세계는 여전히 미국이 중심이 되는 질서(G1)로 유지될 것인가, 아니면 리더가 없는 세계(G0)로 이동할 것인가.

이 질문은 단순한 외교정책의 문제가 아니다. 그것은 세계 경제, 금융 시스템, 기술 경쟁, 그리고 지정학적 균형을 동시에 규정하는 문제다. 냉전이 끝난 이후 약 30년 동안 세계는 사실상 미국 중심 질서 속에서 움직여왔다. 미국은 군사력, 기술, 금융, 통화, 문화 등 거의 모든 영역에서 세계의 중심 국가였다. 달러는 국제 금융 시스템의 핵심 통화였고, 미국 국채는 세계에서 가장 안전한 자산으로 간주되었다. 글로벌 기업의 상당수는 미국에서 탄생했고, 세계 자본은 미국 시장으로 지속적으로 흘러들어 왔다.

그러나 2020년대에 들어서면서 이러한 구조는 점차 변화하기 시작했다. 미국 내부에서는 정치적 양극화가 심화했고, 세계 경제에서는 중국이 빠르게 부상했다. 동시에 글로벌 공급망은 재편되었고 지정학적 갈등은 확대되었다. 여기에 AI라는 새로운 기술 혁명이 등장했다.

현재 세계 질서를 규정하는 핵심 변수는 크게 세 가지로 정리할 수 있다.

첫째, AI 기술 혁명
둘째, AI 투자와 금융 구조가 만들어내는 버블 가능성
셋째, 지정학적 충격, 특히 미국과 이란 사이의 군사 충돌

이 세 가지 요소가 결합하면서 세계 질서는 새로운 방향으로 움직이고 있다.

## AI 혁명: 미국 질서를 강화하는 힘

첫 번째 변수는 AI 혁명이다. 역사를 돌아보면 기술 혁명은 언제나 세계 질서에 큰 영향을 미쳤다.

19세기 철도 혁명은 산업화를 가속했고 미국과 유럽 경제를 빠르게 성장시켰다.

20세기 초 전기 혁명은 생산성을 크게 높였고 대량생산 체제를 가능하게 만들었다.

20세기 후반 인터넷 혁명은 글로벌 경제를 연결했다.

그리고 지금 우리는 AI 혁명이라는 새로운 기술 변화의 중심에 서 있다. AI는 단순한 산업 기술이 아니라 범용 기술(General Purpose Technology)이다. 즉 거의 모든 산업에 영향을 미치는 기술이다. AI는 다음과 같은 산업 구조 변화를 만들어내고 있다.

AI로 인한 산업 구조 변화의 영역

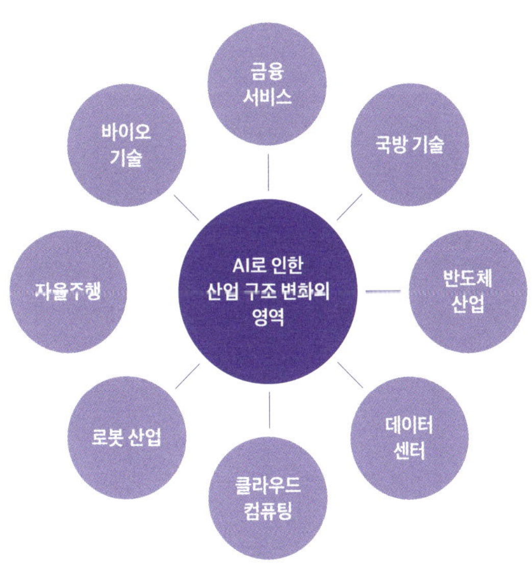

특히 AI는 막대한 연산 능력을 필요로 하기 때문에 데이터센터와 반도체 산업에 폭발적인 수요를 만들어내고 있다. 이 구조에서 가장 큰 혜택을 받는 국가는 미국이다. 현재 AI 산업의 핵심 기업 대부분은 미국 기업이다.

이 기업들은 단순한 기술기업이 아니라 글로벌 데이터 인프라와 컴퓨팅 능력을 동시에 보유한 기업들이다. 이 때문에 AI 혁명이 지속될 경우 미국은 여전히 세계 기술 질서의 중심 국가로 남을 가능성이 높다. 이것이 바로 G1 시나리오다. 즉 AI 기술 혁명이 미국 중심 질서를 유지시키는 경우다.

**기술 혁명은 항상 버블을 만든다**

그러나 기술 혁명은 언제나 금융시장과 결합하면서 버블을 만들어왔다. 역사를 보면 이 패턴은 반복된다.

- 철도 혁명　→　1873년 금융위기
- 전기 혁명　→　1929년 대공황
- 인터넷 혁명　→　2000년 닷컴 버블

기술은 실제였다. 그러나 가격은 과도했다.

AI 혁명 역시 이러한 역사적 패턴에서 완전히 자유롭지 않다. 현재 AI 산업에는 막대한 자본이 투입되고 있다.

- 데이터센터 건설
- AI 반도체 생산
- 전력 인프라 구축
- 클라우드 서버 확대

문제는 이러한 투자가 대부분 금융시장의 자본과 신용을 통해 이루어지고 있다는 점이다. 특히 최근 몇 년 동안 빠르게 성장한 사모신용시장이 중요한 역할을 하고 있다.

사모신용시장은 은행이 아닌 투자 펀드가 기업에 직접 대출을 제공하는 시장이다. 이 시장의 규모는 이미 2조 달러 이상으로 성장했다. AI 인프라 투자 역시 이러한 사모신용시장을 통해 자금을 조달하는 경우가 많다. 이 구조는 하나의 위험을 만든다.

만약 AI 산업의 수익성이 기대에 미치지 못할 경우, AI 버블 붕괴 → 신용시장 충격 → 금융 시스템 위기로 이어질 가능성이 있다.

닷컴 버블은 주식시장 중심의 버블이었다. 그러나 AI 버블은 점점 신용 구조와 결합된 버블이 되고 있다. 이 때문에 버블 붕괴가 단순한 주가 하락을 넘어 금융 시스템 전체로 확산될 가능성이 존재한다.


## 지정학적 충격: 미국의 이란 공격

두 번째 변수는 지정학적 충격이다. 최근 세계 정치에서 가장 중요한 사건 중 하나는 미국의 이란 공격이다. 중동은 세계 에너지 공급의 핵심 지역이다. 특히 호르무즈 해협은 전 세계 원유 수송의 약 20% 가 통과하는 전략적 요충지다. 미국과 이란 사이의 군사 충돌은 다음과 같은 경제적 충격을 가져올 수 있다.

- 유가 급등
- 글로벌 인플레이션 상승
- 금리 상승
- 금융시장 변동성 확대

유가 상승은 단순한 에너지 가격 상승을 의미하지 않는다. 그것은 글로벌 경제 전체의 비용 구조를 변화시킨다. 특히 유가 상승과 금리 상승이 동시에 발생하면 세계 경제는 스태그플레이션 위험에 직면할 수 있다. 1970년대 오일 쇼크 역시 이러한 구조에서 발생했다.

또한 미국이 중동 문제에 집중하게 되면 아시아 전략 균형이 흔들릴 가능성도 있다. 이 경우 다음 지역에서 지정학적 긴장이 확대될 수 있다.


- 대만 해협
- 한반도
- 남중국해


즉 중동 전쟁은 단순한 지역 분쟁이 아니라 세계 질서 전체를 흔들 수 있는 사건이다.


## G0 세계: 리더 없는 국제 질서

이러한 기술 변화와 지정학적 충격이 동시에 발생할 경우 세계는 G0 질서로 이동할 가능성이 있다. G0는 정치경제학자 이언 브레머(Ian Bremmer)가 제시한 개념이다.

G0 세계에서는 국제 질서를 주도할 명확한 리더 국가가 존재하지 않는다. 미국의 영향력은 상대적으로 약화되고, 중국은 완전한 패권 국가로 올라서지 못하며, 유럽 역시 독자적인 전략을 구축하지

못하는 상태다. 이 경우 세계 질서는 다음과 같은 특징을 보일 가능성이 있다.

- 지역 블록화
- 무역 갈등 확대
- 군사 긴장 증가
- 국제기구 영향력 약화

특히 글로벌 경제는 점점 다극화된 구조로 이동할 가능성이 있다.


## 중국의 전략적 기회

G0 세계에서 가장 큰 전략적 기회를 얻을 수 있는 국가는 중국이다. 미국의 영향력이 약화되면 중국은 글로벌 사우스(Global South) 지역에서 영향력을 확대할 가능성이 있다. 특히 다음 지역에서 중국의 역할이 커질 수 있다.

- 동남아시아
- 중남미
- 아프리카

또한 유럽과 중국의 협력이 확대될 가능성도 존재한다. 이 경우 국제 질서는 점차 유라시아 중심 구조로 이동할 가능성이 있다. 산업 측면에서도 중국은 빠르게 성장하고 있다.

중국은 이미 세계 최대 자동차(특히 전기차) 생산국으로 자리 잡았다. BYD와 같은 기업은 글로벌 자동차 시장에서 빠르게 성장하고 있다.

AI 산업에서도 중국은 독자적인 기술 생태계를 구축하려 하고 있다.

## 세계 질서의 분기점

지금 세계는 중요한 분기점에 서 있다. AI 혁명은 미국 중심 질서를 강화할 수도 있다. 그러나 동시에 금융 버블을 만들 수도 있다.

**세계 질서의 변화**

중동 전쟁은 미국의 군사력을 보여줄 수도 있다. 그러나 세계 경제를 불안정하게 만들 수도 있다.

결국 세계 질서는 두 가지 방향 사이에서 움직이고 있다.

이 두 시나리오의 차이는 단순한 외교 변화가 아니다. 그것은 세계 경제, 금융시장, 기술 경쟁, 지정학 구조 등 모든 영역의 구조를 바꿀 수 있는 변화다. 그리고 이러한 변화는 앞으로의 투자 환경에도 결정적인 영향을 미칠 것이다.

지금 세계는 기술 혁명, 금융 버블, 지정학적 충격이 동시에 작동하는 시대에 들어가고 있다. 이러한 시기는 역사적으로 언제나 큰 변화를 만들어왔다. 그리고 그 변화의 방향은 아직 완전히 결정되지 않았다.

그러나 한 가지는 분명하다.

우리는 지금 세계 질서가 다시 재편되는 시대를 지나고 있다.

# 제13장

# 통화 질서의 전환: 패권 통화는 어떻게 바뀌는가

통화는 단순한 결제 수단이 아니다. 그것은 신뢰의 집합체이며 국가 권력의 표현이다. 경제학 교과서는 통화를 교환의 매개, 가치 저장, 회계 단위라는 세 가지 기능으로 설명한다. 그러나 역사적으로 통화는 그 이상의 의미를 가진다. 통화는 국가의 군사력, 금융 시스템, 정치 제도, 그리고 국제 무역 네트워크가 결합된 권력 구조의 산물이다.

패권 통화가 되기 위해서는 다음과 같은 몇 가지 조건이 동시에 충족되어야 한다.

- 깊고 유동적인 금융시장
- 군사·지정학적 안정성

- 법치와 제도적 신뢰

- 글로벌 무역 네트워크 중심성

이 네 가지 조건은 단순한 경제지표가 아니라 국가 시스템의 총합이다. 금융시장이 깊지 않다면 세계 자본은 그 통화를 보유하지 않는다. 군사적 안정성이 없다면 국제 무역은 안전하게 이루어질 수 없다. 법치가 약하다면 장기 채권을 보유하려는 투자자는 줄어든다.

결국 패권 통화는 단순한 화폐가 아니라 세계 금융 질서를 조직하는 중심축이다. 그러나 이 네 가지 조건이 약화되기 시작하면 통화 패권 역시 흔들리기 시작한다.


## 신용 위기의 끝은 통화다

대규모 금융위기의 마지막 단계는 종종 통화 체제의 변화로 이어진다.

1929년 대공황의 끝은 단순한 경기 회복이 아니었다. 그것은 금본위제의 붕괴였다. 1933년 미국은 금 태환을 중단했고 달러는 금에 대한 고정 가치를 잃었다. 이는 단순한 정책 변화가 아니라 세계 통화 질서의 근본적인 전환이었다.

2008년 글로벌 금융위기의 끝 역시 마찬가지였다. 은행 구제와 경기 부양을 넘어 중앙은행은 전례 없는 규모의 양적 완화 정책을 시행했다. 이 정책은 중앙은행의 대차대조표를 급격히 확대시켰고, 글로벌 금융 시스템은 새로운 통화 체제로 진입했다.

이러한 변화가 발생하는 이유는 간단하다. 신용은 미래 소득에 대한 약속이기 때문이다. 그러나 그 약속이 지켜지지 않을 때 경제 시스템은 부채를 재조정해야 한다. 이때 등장하는 마지막 도구가 바로 통화다. 통화는 부채를 제거하지 않는다. 그러나 통화는 부채의 실질 가치를 변화시킬 수 있다. 그래서 모든 대규모 신용 위기는 결국 통화 질서의 문제로 이동한다.

## 달러 체제의 구조

현재 글로벌 금융 시스템은 명백히 달러 중심 구조다. 달러는 단순한 국가 통화가 아니라 세계 금융 시스템의 핵심이다. 달러는 다음 네 영역에서 중심적 역할을 한다.

- 국제 무역 결제 통화
- 원자재 가격 기준 통화
- 글로벌 채권 발행 통화
- 외환보유액의 핵심 자산

석유와 같은 에너지 상품은 대부분 달러로 가격이 표시된다. 글로벌 채권시장에서도 달러 표시 채권은 압도적인 비중을 차지한다.
이러한 구조는 하나의 거대한 금융 네트워크를 만든다.

달러는 단순한 화폐가 아니라 세계 신용 시스템의 중심 노드
(node)다.


## 기축통화국의 특권

달러 체제는 미국에 특별한 위치를 부여한다. 이른바 기축통화국의
특권이다. 이 특권은 세 가지 형태로 나타난다.

- 자국 통화로 부채 발행 가능
- 위기 시 글로벌 달러 유동성 공급 가능
- 글로벌 자본 유입 유지 가능

대부분의 국가는 외화로 부채를 발행할 경우 통화 위기에 취약
해진다. 그러나 미국은 달러로 부채를 발행한다. 그리고 필요할 경우
중앙은행은 달러 유동성을 공급할 수 있다. 2008년 이후 미국은 역
사상 가장 큰 규모의 통화 완화를 시행했지만 달러 체제는 붕괴하
지 않았다. 그 이유는 단순하다. 대체 통화가 존재하지 않았기 때문
이다. 그리고 무엇보다 중요한 것은 제도적 신뢰였다.

## 네덜란드에서 영국으로

통화 패권은 역사적으로 고정된 것이 아니다. 그것은 경제력, 금융 시스템, 군사력, 그리고 국제 무역 네트워크의 변화와 함께 이동해왔다.

17세기 초 세계 금융의 중심지는 네덜란드였다. 당시 암스테르담은 단순한 항구 도시가 아니라 세계 상업과 금융의 중심지였다. 북해와 발트해 무역을 연결하는 네덜란드 상선은 유럽 해상 운송의 상당 부분을 장악했고, 네덜란드는 국제 무역에서 핵심적인 중개 국가로 성장했다.

이 시기 네덜란드는 금융 혁신에서도 앞서 있었다.

1609년에 설립된 암스테르담 은행(Bank of Amsterdam)은 안정적인 결제 시스템을 제공했고, 암스테르담 증권거래소는 세계 최초의 근대적 주식시장으로 발전했다. 또한 네덜란드 동인도회사(VOC)는 역사상 최초의 대규모 다국적 기업으로 평가된다. 이 회사의 주식은 활발히 거래되었고, 이는 글로벌 자본시장의 초기 형태를 만들었다.

이러한 금융 혁신과 무역 네트워크 덕분에 네덜란드는 당시 세계에서 가장 발전된 금융 국가가 되었다. 암스테르담은 국제 자본이 모이는 장소였고, 네덜란드의 금융 시스템은 유럽 국가들의 자금 조달 중심지로 기능했다.

그러나 이러한 금융 우위는 영원하지 않았다. 17세기 후반부터 네덜란드는 잦은 전쟁에 직면했다. 특히 영국과의 세 차례 영국-네덜란드 전쟁(Anglo-Dutch Wars)은 네덜란드의 재정에 큰 부담을 주었다. 전쟁 비용은 급격히 증가했고 국가 부채는 빠르게 확대되었다.

동시에 영국은 다른 방향에서 힘을 축적하고 있었다. 영국은 점차 강력한 해군력을 구축했고, 대서양 무역과 식민지 확장을 통해 경제 기반을 확대했다. 18세기에 들어서면서 영국은 산업혁명을 통해 생산성과 경제 규모를 빠르게 확대했다.

금융 시스템에서도 중요한 변화가 나타났다. 1694년 설립된 영란은행(Bank of England)은 정부 부채를 안정적으로 관리하고 국채시장을 발전시키는 역할을 했다. 이는 영국 정부가 장기적으로 낮은 금리로 자금을 조달할 수 있게 만들었고, 결국 영국은 군사력과 산업력을 동시에 확장할 수 있었다.

이 과정에서 런던 금융시장은 점차 암스테르담을 대체하기 시작했다. 영국 국채는 국제 투자자들에게 안정적인 투자 자산으로 인식되었고, 파운드는 국제 무역에서 중요한 결제 통화로 자리 잡았다.

그러나 이러한 변화는 갑작스럽게 일어난 것이 아니었다. 네덜란드의 금융 우위는 오랜 기간 유지되었고, 암스테르담은 여전히 중요한 금융 중심지로 남아 있었다. 다만 국제 자본의 중심은 점차 런던으로 이동하기 시작했다. 결국 통화 패권의 이동은 단순한 통화의 변화가 아니라 경제력과 금융 구조의 장기적 변화였다.

통화 패권은 하루아침에 바뀌지 않는다. 그것은 수십 년에 걸쳐 천천히 이동한다. 그리고 이 역사적 사례는 하나의 중요한 교훈을 남긴다. 금융 중심지의 이동은 언제나 경제 구조와 지정학적 힘의 변화와 함께 이루어진다.

## 영국에서 미국으로

20세기 초까지 세계 경제의 중심은 여전히 영국이었다. 런던은 세계 금융의 수도였고 파운드는 국제 무역의 핵심 통화였다. 영국 국채는 글로벌 투자자들이 가장 신뢰하는 자산 중 하나였으며, 런던 금융시장은 국제 자본의 중심지로 기능했다.

19세기 동안 영국은 산업혁명과 해군력을 바탕으로 세계 경제를 지배했다. 철도·조선·섬유 산업의 발전은 영국을 세계 최대의 산업국가로 만들었고, 대영제국의 광범위한 식민지 네트워크는 글로벌 무역을 런던 중심으로 조직했다. 이러한 구조 속에서 파운드는 자연스럽게 국제 금융의 중심 통화가 되었다.

그러나 20세기에 들어서면서 이러한 구조는 서서히 변화하기 시작했다. 특히 두 차례의 세계대전은 영국 경제에 막대한 충격을 주었다. 제1차 세계대전은 영국 재정에 큰 부담을 남겼다. 전쟁 비용을 충당하기 위해 정부 부채는 급격히 증가했고, 영국은 미국으로부터 대규모 차입을 해야 했다. 전쟁 이후 영국은 금본위제 복귀를 시도했지만, 과거의 환율 수준을 유지하려는 정책은 경제에 큰 부담을 주었다. 이는 영국 산업의 경쟁력을 약화시키고 파운드의 신뢰를 점차 흔들기 시작했다.

제2차 세계대전은 이러한 변화를 결정적으로 가속했다. 전쟁은 유럽 경제를 황폐화시켰고 영국의 재정은 더욱 악화되었다. 반면 미국은 전쟁 기간 동안 산업생산을 크게 확대하며 세계 최대의 경제 강국으로 부상했다. 미국의 공장들은 군수 물자를 대량생산했고, 전쟁이 끝날 무렵 미국은 세계 금 보유량의 상당 부분을 차지하고 있었다.

이러한 경제력의 변화는 결국 새로운 국제 금융 질서를 요구하게 되었다. 1944년 연합국은 브레튼우즈(Bretton Woods) 회의를 통해 전후 금융 시스템을 설계했다. 이 체제에서 달러는 금과 연결된 중심 통화로 자리 잡았다. 미국은 달러를 금과 일정한 비율로 교환할 것을 약속했고, 다른 국가들의 통화는 달러에 고정되었다.

이 구조 속에서 달러는 자연스럽게 세계 금융 시스템의 중심이 되었다. 국제 무역 결제는 달러로 이루어졌고, 각국 중앙은행은 외환보유액으로 달러를 보유하기 시작했다. 세계 경제는 점차 달러 중심 금융 네트워크로 조직되었다.

그러나 이 체제 역시 영원하지 않았다. 1960년대 후반에 들어서면서 미국은 베트남 전쟁과 사회복지 지출 확대 등으로 재정 부담이 증가했다. 달러 공급은 빠르게 늘어났지만 금 보유량은 이를 따라가지 못했다. 결국 1971년 미국은 금과 달러의 교환을 중단하는 결정을 내렸다. 이른바 닉슨 쇼크(Nixon Shock)였다. 이 결정으로 브레튼우즈 체제는 사실상 종료되었고, 세계는 더 이상 금에 기반한 통화 시스템을 유지하지 않게 되었다.

그러나 중요한 사실이 있다. 금 태환이 중단되었음에도 불구하고 달러의 패권은 유지되었다는 점이다. 그 이유는 달러가 단순한 금 기반 통화가 아니라 이미 세계 금융 시스템의 중심 네트워크로 자리 잡았기 때문이다. 글로벌 채권시장, 국제 무역 결제, 원자재 가격 책정, 그리고 외환보유액의 대부분이 달러 기반으로 이루어지고 있었다.

결국 세계는 금본위제를 떠나 법정화폐 중심 체제로 이동했다. 이 체제에서 통화의 가치는 더 이상 금에 의해 보증되지 않는다. 그 대신 통화의 가치는 국가의 경제력, 제도적 신뢰, 그리고 금융 시스템의 깊이에 의해 결정된다. 이 변화는 단순한 통화정책의 변화가 아니라 세계 금융 질서의 근본적 전환이었다. 그리고 이 체제는 오늘날까지도 세계 경제의 중심 구조로 남아 있다.

## 패권 통화 전환의 공통 조건

역사적으로 통화 패권이 이동할 때에는 몇 가지 공통적인 조건이 반복적으로 나타났다. 통화 질서의 변화는 단순히 환율의 움직임이나 금융시장의 변동으로 설명되지 않는다. 그것은 국가의 재정 상태, 지정학적 환경, 금융 시스템의 신뢰, 그리고 국제 경제 구조가 동시에 변화할 때 나타나는 구조적 현상이다.

대체로 네 가지 조건이 동시에 등장할 때 통화 패권의 전환 가능성이 높아진다.

첫째는 과도한 부채다. 패권 국가가 장기간 국제 질서를 유지하려면 군사력과 경제력을 동시에 유지해야 한다. 그러나 이러한 역할은 막대한 재정지출을 요구한다. 역사적으로 패권 국가의 정부 부채는 시간이 지날수록 증가하는 경향을 보였다. 네덜란드 역시 17세기 후반 전쟁 비용으로 부채가 빠르게 확대되었고, 20세기 초 영국 역시 두 차례의 세계대전을 거치며 막대한 전쟁 부채를 떠안게 되었다. 부채가 일정 수준을 넘어서면 재정의 지속 가능성에 대한 의문이 제기되고, 이는 결국 통화 신뢰에 영향을 미친다.

둘째는 전쟁 또는 지정학적 갈등이다. 대부분의 통화 패권 전환은 평화로운 환경에서 일어나지 않았다. 국제 질서의 변화는 종종 군사적 충돌과 함께 나타났다. 영국과 네덜란드 사이의 해상 패권 경쟁, 그리고 두 차례의 세계대전은 국제 경제 질서를 근본적으로 변화시켰다. 전쟁은 재정지출을 급격히 증가시키고, 경제 구조를 바꾸며, 동시에 새로운 경제 강국이 등장하는 계기를 만들기도 한다.

셋째는 통화 신뢰의 약화다. 통화는 단순한 종이나 숫자가 아니다. 그것은 경제 시스템 전체에 대한 신뢰의 표현이다. 정부 부채가 급증하거나 재정정책이 불안정해지면 투자자들은 해당 통화의 장기적 가치에 의문을 제기하기 시작한다. 역사적으로 파운드의 영향력이 약화된 과정에서도 이러한 신뢰의 변화가 중요한 역할을 했다. 통화 패권은 군사력이나 경제 규모만으로 유지되지 않는다. 그것은 결국 금융시장의 신뢰에 의해 지탱된다.

넷째는 경쟁 통화의 등장이다. 패권 통화가 약화된다고 해서 자동으로 새로운 통화가 등장하는 것은 아니다. 그러나 새로운 경제 강국이 등장하고 그 국가의 금융시장이 충분히 발전하면 투자자들은 점차 다른 통화를 보유하기 시작한다. 네덜란드에서 영국으로, 그리고 영국에서 미국으로 이어진 통화 패권 이동 역시 이러한 구조 속에서 이루어졌다.

이 네 조건이 동시에 나타날 때 통화 질서의 변화 가능성은 높아진다. 그러나 여기에서 중요한 사실이 있다. 통화 패권은 갑작스럽게 붕괴하지 않는다. 많은 사람들은 통화 체제가 어느 날 갑자기 무너질 것이라고 생각한다. 그러나 역사적으로 그런 경우는 거의 없었다. 통화 질서의 변화는 대부분 점진적인 과정이었다.

패권 통화의 비중은 서서히 감소하고, 국제 무역 결제는 점차 다변화되며, 외환보유액의 구성 역시 천천히 변한다. 새로운 금융 중심지가 성장하고 자본은 조금씩 이동한다. 즉 통화 패권의 변화는 단일 사건이 아니라 수십 년에 걸친 구조적 이동이다. 그리고 바로 이 점 때문에 통화 질서의 변화는 종종 사람들이 인식하기 훨씬 전에 시작된다.


## AI와 통화 패권

AI 혁명은 단순한 기술 변화가 아니라 경제 구조 전체를 변화시킬 잠재력을 가진 사건이다. 이러한 변화는 자연스럽게 통화 질서에도 영향을 미칠 수 있다.

역사적으로 패권 통화는 단순히 금융 시스템의 규모만으로 유지되지 않았다. 그것은 궁극적으로 경제 생산성과 성장 능력에 의해 뒷받침되었다. 산업혁명 이후 영국이 세계 경제의 중심이 되었던 이유도 생산성의 비약적 상승 때문이었고, 20세기 미국이 달러 중심 체제를 구축할 수 있었던 이유 역시 압도적인 산업생산력과 기술 혁신 덕분이었다.

이러한 관점에서 보면 AI는 현재의 통화 질서에 두 가지 상반된 영향을 미칠 수 있다.

생산성 혁신을 통한 통화 패권 강화 가능성이다. AI 기술이 실제로 생산성을 크게 끌어올린다면 경제성장률은 상승할 수 있다. 생산성이 높아지면 기업의 수익성과 국가의 세수 기반이 확대되고, 이는 정부 부채의 지속 가능성을 높인다. 또한 기술 혁신이 특정 국가에 집중될 경우 해당 국가의 금융시장과 자본시장 역시 더욱 매력적인 투자 대상이 된다. 이러한 과정은 결국 해당 국가 통화에 대한 신뢰를 강화하는 방향으로 작용할 수 있다.

예를 들어 AI 연구, 반도체 기술, 데이터 인프라가 특정 국가에 집중된다면 글로벌 자본은 그 국가의 금융시장으로 유입될 가능성이 높다. 자본이 모이는 금융시장은 더욱 깊고 유동적인 시장으로 발전하고, 이는 다시 통화 패권을 강화하는 선순환을 만든다.

그러나 동시에 AI는 전혀 다른 방향의 압력도 만들 수 있다. AI 산업은 종종 소프트웨어 혁명으로 묘사되지만 실제로는 거대한 자본재 산업의 성격을 가진다. 대규모 AI 모델을 운영하기 위해서는 막대한 물리적 인프라가 필요하다.

- 데이터센터
- 전력 인프라
- 반도체 공장
- 초대형 컴퓨팅 클러스터

이러한 인프라는 단순한 기술 투자 수준을 넘어선다. 데이터센터 건설에는 막대한 전력 공급 계약과 냉각 시스템, 네트워크 인프라가 필요하며, 반도체 생산에는 수백억 달러 규모의 공장이 요구된다.

문제는 이러한 투자가 대부분 미래의 기대수익을 기반으로 이루어진다는 점이다. AI 산업의 CAPEX는 이미 역사적으로 높은 수준에 도달하고 있으며, 이러한 투자의 상당 부분은 부채와 신용을 통해 조달되고 있다. 기업은 회사채를 발행하고 프로젝트 파이낸싱을 활용하며, 사모신용시장 역시 이러한 자금 조달에 참여하고 있다.

만약 이러한 투자 구조가 과도한 레버리지 위에 구축된다면 상황은 달라질 수 있다. 수익화 속도가 기대보다 느리거나 금리 환경이 변화할 경우 부채 부담은 빠르게 확대될 수 있다. 차입 비용이 증가하면 기업의 현금흐름은 압박을 받고, 이는 금융 시스템 전반의 신용 위험으로 확산될 가능성이 있다.

이러한 과정이 심화될 경우 문제는 단순히 기술 산업에 머물지 않는다.

부채 구조가 확대될수록 통화정책의 부담 역시 커진다. 만약 AI 버블 붕괴가 신용 위기로 이어진다면 중앙은행은 금융 시스템 안정을 위해 유동성을 공급할 가능성이 높다. 그러나 정부 부채가 이미 높은 수준에 도달해 있다면 통화 완화 정책은 또 다른 문제를 낳을 수 있다. 바로 통화 신뢰의 압박이다.

결국 AI 혁명은 통화 질서에 대해 두 가지 상반된 가능성을 동시에 만들어낸다.

생산성 혁신은 경제 성장과 통화 신뢰를 강화할 수 있다.

그러나 과도한 레버리지는 금융 시스템과 통화정책에 부담을 줄 수 있다. 즉 AI는 통화 패권을 강화할 수도 있고, 약화시킬 수도 있다. 이것이 바로 기술 혁명과 금융 사이클이 항상 긴밀하게 연결되어 왔던 이유다. 기술은 경제의 미래를 바꿀 수 있다. 그러나 그 미래가 어떤 통화 질서 위에서 작동할 것인가는 또 다른 문제다.

# 제14장

# AI 이후의 통화 체제

## 기술 혁명은 항상 통화 질서를 바꾼다

역사를 돌아보면 기술 혁명은 단순히 산업 구조만 바꾸지 않았다. 그것은 언제나 금융 구조와 통화 질서를 함께 변화시켰다. 새로운 기술은 새로운 생산성을 만들지만, 그 생산성을 현실로 만들기 위해서는 막대한 자본이 필요하다. 그리고 그 자본은 대부분 신용을 통해 공급된다. 기술은 혁신을 만들지만, 신용은 그 혁신의 속도를 결정한다.

19세기 철도 혁명은 그 대표적인 사례다. 철도는 단순한 교통수단이 아니라 국가의 공간 구조를 바꾸는 거대한 인프라였다. 철도 건설에는 막대한 자본이 필요했고, 그 자본은 채권 발행을 통해 조달되었다. 영국과 미국에서는 철도 채권을 중심으로 국제 채권시장이 빠르게 성장했고, 런던 금융시장은 세계 자본의 중심지로 자리 잡았다.

1920년대 전기와 자동차 산업의 확산은 또 다른 금융 구조를 만들어냈다. 전기 보급과 자동차 산업은 대규모 기업 투자를 필요로 했고, 자본시장은 주식 투자 중심으로 확대되었다. 이 시기 미국에서는 개인 투자자들이 대거 주식시장에 참여했고, 증거금 거래가 확대되면서 금융시장은 낙관과 신용이 결합된 거대한 상승 사이클을 만들었다.

1990년대와 2000년대의 인터넷 혁명은 벤처 자본 중심의 금융 구조를 탄생시켰다. 인터넷 기업들은 초기에는 수익을 내지 못했지만, 벤처 투자와 자본시장은 미래 성장 가능성을 현재 가치로 평가하기 시작했다. 그러나 이 구조 역시 신용과 유동성에 크게 의존하고 있었다. 2000년 닷컴 버블 붕괴와 2008년 금융위기는 기술 혁신이 얼마나 강하게 금융 시스템과 연결되어 있는지를 보여주었다.

이처럼 기술 혁명은 언제나 자본을 필요로 했고, 자본은 거의 예외 없이 신용을 통해 증폭되었다.


## AI 혁명 역시 같은 패턴을 따르고 있다

많은 사람들은 AI를 단순한 소프트웨어 혁명으로 이해한다. 그러나 실제로 AI는 거대한 물리적 인프라 산업이다. 대규모 AI 모델을 운영하기 위해서는 막대한 계산 능력과 에너지, 그리고 네트워크가 필요하다.

AI 산업의 핵심 인프라는 다음 그림과 같다.

이러한 인프라는 단순한 기술 투자가 아니라 철도나 전력망과 같은 국가 인프라 프로젝트에 가깝다. 실제로 초대형 AI 데이터센터 하나를 구축하는 데는 수십억 달러가 필요하다. 여기에 전력망 확장과 냉각 시스템을 포함하면 투자 규모는 훨씬 더 커진다.

결국 AI 혁명은 막대한 자본지출(CAPEX)을 요구한다. 그리고 이 투자의 상당 부분은 부채와 신용을 통해 조달된다.

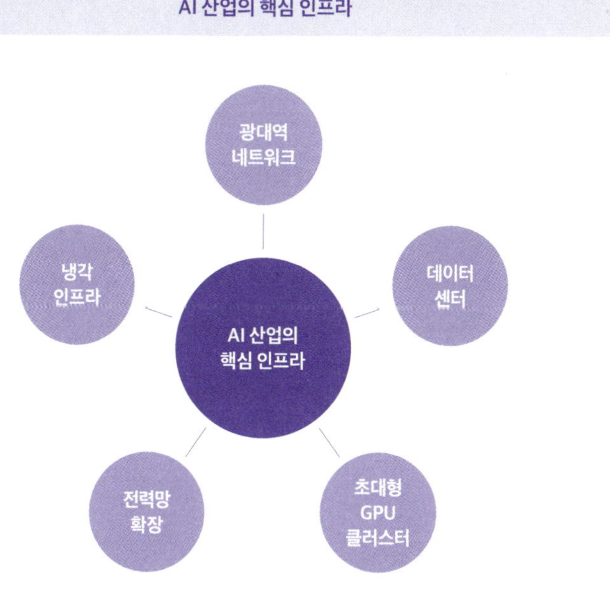

**AI 산업의 핵심 인프라**

## 보이지 않는 레버리지

AI 시대의 금융 구조는 과거와 다른 특징을 가지고 있다.

2008년 금융위기의 중심은 은행 시스템이었다. 당시 금융 시스템의 핵심 위험은 대형 은행의 대차대조표에 집중되어 있었다. 그러나 금융위기 이후 규제가 강화되면서 은행의 위험 자산은 크게 줄어들었다. 그 대신 신용은 점점 더 은행 밖으로 이동하고 있다. 대표적인 예가 다음과 같은 구조다.


- 사모신용
- 레버리지론
- 프로젝트 파이낸싱
- 특수목적법인(SPV)


이러한 금융 구조는 겉보기에는 안정적으로 보인다. 많은 자산이 장부 가격으로 평가되며, 시장 가격이 매일 표시되지 않기 때문이다.

그러나 유동성이 필요해지는 순간 상황은 달라진다. 시장 가격이 존재하지 않는 자산은 위기 상황에서 갑자기 재평가된다. 그 순간 장부 가격과 실제 가격 사이의 격차가 드러난다. 이것이 바로 보이지 않는 레버리지다.

AI 인프라 투자가 이러한 금융 구조와 결합될 경우 기술 혁명은 동시에 신용 사이클을 만들어낼 수 있다.

## 달러 체제의 균열

AI 시대의 금융 사이클은 단순히 기술 산업의 문제로 끝나지 않는
다. 그것은 결국 국제 통화 체제의 문제로 이어질 가능성이 있다.

경제학자 케네스 로고프(Kenneth Rogoff)는 그의 저서《달러 이후
의 질서(Our Dollar, Your Problem)》에서 달러 중심 국제 통화 체제가
구조적인 긴장을 내포하고 있다고 지적한다.

달러는 세계 경제에서 압도적인 역할을 하고 있다. 전 세계 외환
보유액의 약 60%가 달러로 보유되어 있으며, 국제 무역 결제의 절반
이상이 달러로 이루어진다. 또한 글로벌 금융 거래의 대부분이 달러
기반으로 이루어진다.

이러한 구조는 미국에 막대한 특권을 제공한다. 미국은 자국 통
화로 세계 자본을 조달할 수 있으며, 막대한 재정 적자를 상대적으
로 쉽게 유지할 수 있다. 미국 국채는 세계에서 가장 중요한 안전 자
산으로 기능한다.

그러나 이러한 체제는 동시에 세계 경제의 불균형을 확대할 수
있다. 로고프는 달러 체제가 세계 경제에 세 가지 구조적 긴장을 만
들어낸다고 설명한다.

첫째, 글로벌 금융 시스템이 미국의 통화정책에 지나치게 의존하
게 된다.

둘째, 미국의 재정 적자 확대가 세계 금융시장에 영향을 미친다.

셋째, 달러 유동성 변화가 신흥국 경제에 큰 충격을 줄 수 있다.

이러한 구조 때문에 달러 체제는 강력하지만 동시에 취약한 측면을 가지고 있다.


## 세 가지 붕괴 경로와 통화 질서의 개편

AI 버블이 붕괴한다면 그 경로는 하나가 아닐 수 있다. 역사적으로 기술 혁명 이후의 금융위기는 세 가지 형태로 나타났다.

- 가격형 붕괴
- 신용형 붕괴
- 정책형 붕괴

가격형 붕괴는 기술 버블의 전형적인 형태다. 주가는 급락하지만 금융 시스템 자체는 유지된다. 2000년 닷컴 버블 붕괴가 대표적인 사례다.

신용형 붕괴는 훨씬 더 위험하다. 금융 시스템의 유동성이 경색되고 신용 공급이 급격히 축소된다. 2008년 금융위기가 이에 해당한다.

정책형 붕괴는 통화 체제의 문제로 이동한다. 중앙은행이 금융 시스템을 구제하기 위해 대규모 유동성을 공급할 경우 통화 신뢰 자체가 압박을 받을 수 있다.

역사적으로 금융위기의 마지막 단계는 항상 통화 질서의 문제로 이동했다.

1929년 대공황은 금본위제 붕괴로 이어졌다.

2008년 금융위기는 양적 완화라는 새로운 통화 체제를 만들었다.

AI 시대의 위기 역시 결국 통화 문제로 귀결될 가능성이 있다.

그러나 로고프가 강조하듯이 달러 체제가 단기간에 붕괴할 가능성은 낮다. 그 이유는 세 가지다.


- 세계 최대 금융시장
- 압도적인 달러 유동성
- 글로벌 무역 네트워크 중심성


여기다가 대체 통화 역시 구조적 한계를 가지고 있다. 위안화는 자본 통제 문제를 가지고 있고, 유로는 정치적 통합의 한계를 가지고 있으며, 암호화폐는 변동성과 규제 문제를 안고 있다. 따라서 달러 체제는 단기간에 붕괴하기보다는 점진적으로 변화할 가능성이 높다.

## 점진적 다극화

미래의 통화 질서는 단일 패권 체제에서 다극적 통화 체제로 이동할
가능성이 있다. 달러는 여전히 중심 통화로 남을 수 있지만, 동시에
다른 통화의 역할도 점차 확대될 수 있다. 외환보유액의 다변화는
각국 중앙은행의 달러 보유 비중 축소로 나타나고 있으며(〈그림 14-1〉
참조), 대표적인 방법은 다음과 같다.


- 무역 결제 통화의 분산
- 금 보유 증가


이러한 변화는 갑작스러운 붕괴가 아니라 점진적인 구조 변화다.
AI 혁명은 새로운 경제 질서를 만들 수 있다. 그러나 그 경제 질서는
하나의 질문을 남긴다.

이 거대한 투자는 어떻게 자금을 조달하는가.

기술 혁명은 언제나 낙관을 낳는다. 그러나 금융시장은 그 낙관
을 신용으로 증폭시킨다.

기술은 미래를 만든다. 신용은 그 속도를 결정한다. 그리고 금융
위기가 발생할 때 마지막 질문은 항상 같다.

누가 마지막으로 신용을 보증하는가.

그 답은 언제나 통화였다. 그리고 바로 그 이유 때문에 모든 금융
위기의 끝은 결국 통화 질서의 문제로 이어진다.

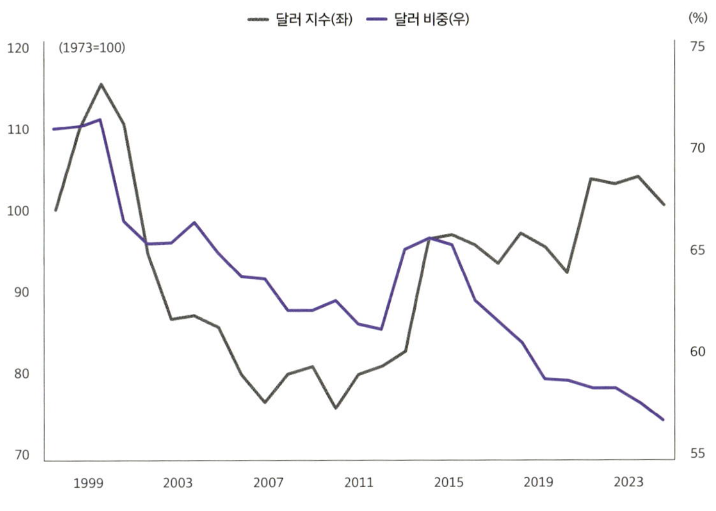


주: 2025년은 3분기 기준
자료: IMF

# 제15장

# 호르무즈 분쟁: 세계 질서 시험대

국제 정치와 세계 경제의 역사를 돌아보면 어떤 사건들은 단순한 분쟁이나 경제 현상 이상의 의미를 갖는다. 겉으로 보기에는 특정 지역의 갈등이나 금융시장의 변동처럼 보이지만, 실제로는 세계 질서의 방향을 시험하는 순간이 되기도 한다. 1956년의 수에즈 위기, 오늘날 호르무즈 해협을 둘러싼 긴장, 최근 금융시장에서 논의되는 AI 투자 열풍, 그리고 달러 체제의 미래에 대한 논쟁은 서로 다른 사건처럼 보이지만 사실은 하나의 큰 흐름 속에서 연결되어 있다.

세계 최대 헤지펀드 브리지워터(Bridgewater)의 창업자인 레이 달리오는 이러한 흐름을 '빅 사이클(Big Cycle)'이라는 개념으로 설명한다.* 그는 지난 500년 동안 세계 질서의 변화를 연구하면서 일정한 패턴이 반복된다는 사실을 발견했다. 패권국은 경제력과 군사력을 기반으로 국제 질서를 구축하지만, 시간이 지나면서 부채가 증가하고 정치적 갈등이 심화된다. 그러면 새로운 도전 세력이 등장하고 세계 질서는 점차 재편된다. 이러한 변화는 보통 전략적 교역로, 금융 시스템, 기술 혁명, 그리고 통화 체제라는 네 가지 영역에서 동시에 나타난다.

지금 세계는 바로 그 네 가지 힘이 동시에 움직이는 국면에 들어와 있다.

## 수에즈 위기: 제국의 균열이 시작된 순간

1956년 이집트의 가말 압델 나세르(Gamal Abdel Nasser) 대통령은 수에즈 운하의 국유화를 선언했다. 수에즈 운하는 지중해와 홍해를 연결하며 유럽과 아시아를 잇는 핵심 해상 교역로였다. 당시 유럽으로 향하는 중동 석유의 상당 부분이 이 운하를 통과했기 때문에 영국과 프랑스에게 수에즈 운하는 단순한 물류 통로가 아니라 전략적 생명선이었다.

영국과 프랑스는 이집트의 조치를 받아들이지 않았고 이스라엘과 협력하여 군사 개입을 단행했다. 군사력만 놓고 보면 두 나라는 이집트를 충분히 압도할 수 있었다. 그러나 국제 정치에서 결정적인

---

● 레이 달리오, "결국 모든 것은 호르무즈 해협을 누가 통제하느냐에 달려 있다: '최후의 진투'(It All Comes Down to Who Controls the Strait of Hormuz: The 'Final Battle')", 2026.3.16.

변수는 항상 군사력만이 아니었다.

당시 미국은 영국과 프랑스의 군사작전에 반대했고, 금융 압박과 외교적 압력을 통해 두 나라가 철수하도록 만들었다. 결국 영국과 프랑스는 군사적으로 승리할 수 있는 상황에서도 정치적으로 패배하고 철수해야 했다.

이 사건은 역사적으로 매우 중요한 의미를 갖는다. 수에즈 위기는 단순한 지역 분쟁이 아니라 영국 제국의 패권이 붕괴하기 시작한 상징적 사건이었다. 이후 국제 금융 질서는 파운드 중심에서 달러 중심으로 이동했고, 세계 질서는 미국 중심 체제로 재편되었다.

레이 달리오는 이러한 사건을 설명하며 다음과 같은 원칙을 제시한다.

"패권국이 전략적으로 중요한 교역로에서 통제력을 잃는 순간 세계는 그 국가의 힘을 다시 평가하기 시작한다. 그리고 자본과 동맹은 자연스럽게 승자에게로 이동한다."

즉 패권의 변화는 단순한 군사 사건이 아니라 금융시장과 통화 체제의 변화로 이어진다.

## 호르무즈 해협: 현대 패권의 시험대

오늘날 국제 정치에서 수에즈 운하와 비슷한 의미를 갖는 곳은 호르무즈 해협이다. 페르시아만과 아라비아해를 연결하는 이 좁은 해협은 세계 에너지 공급망에서 가장 중요한 전략적 요충지다. 하루 약 2,000만 배럴 이상의 원유가 이 해협을 통과하며, 이는 세계 석유 공급의 약 20%에 해당한다.

한국, 일본, 중국, 인도와 같은 주요 아시아 경제권 역시 이 해협을 통해 상당한 양의 에너지를 수입하고 있다. 따라서 호르무즈 해협의 통제권은 단순한 군사 문제가 아니라 세계 경제 안정성과 직결된 문제다.

최근 미국 대통령인 도널드 트럼프는 이 해협의 안전을 확보하기 위해 여러 국가에 군사적 협력을 요청했다. 미국은 한국, 일본, 중국, 영국, 프랑스 등 주요 경제국과 해양 강국에 해군 함정 파견과 호위 작전에 참여할 것을 요구하며, 국제 연합 형태의 해상 안보 체계를 구축하려 하고 있다.

이러한 요청은 단순한 군사 협력 이상의 의미를 갖는다. 그것은 "미국이 여전히 세계 질서를 조직하고 동맹을 결집할 수 있는가"라는 질문과 연결되어 있기 때문이다.

달리오는 패권국의 힘이 단순한 군사력만으로 결정되지 않는다고 강조한다. 중요한 것은 동맹을 결집시키고 국제 질서를 유지할 수 있는 능력이다. 만약 미국이 여러 국가를 결집해 해협의 안전을 확보한다면, 이는 미국의 군사적·외교적 리더십을 다시 확인하는 계기가 될 수 있다. 반대로 국제 협력이 실패하거나 해협 통제가 불안정해질 경우 세계 각국은 미국의 패권적 역할을 다시 평가하기 시작할 가능성이 있다.

## AI 투자 열풍: 기술 혁명이 만드는 금융 위험

그러나 현재 세계 경제를 흔드는 변수는 지정학적 갈등만이 아니다. 최근 몇 년 동안 금융시장에서 가장 큰 투자 열풍을 만들어낸 것은 AI다.

대규모 AI 모델을 학습하기 위한 데이터센터 건설, 반도체 투자, 클라우드 인프라 구축 등은 막대한 자본을 필요로 한다. 이 과정에서 벤처 자본과 사모 투자, 그리고 다양한 신용시장 자금이 AI 산업으로 빠르게 유입되었다.

문제는 이러한 투자 확대가 실제 수익으로 이어질지 여부가 아직 불확실하다는 점이다. 역사적으로 기술 혁명은 언제나 금융시장과 결합하면서 버블을 만들어왔다.

19세기 철도 혁명은 대규모 철도 투자 버블을 낳았고, 이는 금융위기로 이어졌다. 1920년대 전기와 자동차 산업의 확산 역시 투자 열풍을 만들었고, 결국 1929년 대공황 직전의 과열을 초래했다. 1990년대 후반 인터넷 혁명은 닷컴 버블을 만들었고, 2000년 주식시장 붕괴로 이어졌다.

AI 산업 역시 이러한 역사적 패턴에서 완전히 자유롭지 않다. 만약 AI 투자 확대가 실제 수익 창출로 이어지지 못한다면 기술주와 관련 산업에서 대규모 가격 조정이 발생할 가능성도 있다.

달리오는 기술 혁신이 생산성을 높이면서도 동시에 투기적 금융 사이클을 강화할 수 있다고 지적한다.

## 달러 체제의 미래

세계 질서를 이해하는 데 있어 또 하나의 중요한 요소는 통화 체제다. 제2차 세계대전 이후 국제 금융 시스템의 중심에는 달러가 있었다. 달러는 세계 무역 결제와 외환보유고의 핵심 통화로 자리 잡았고, 미국 국채는 가장 안전한 자산으로 인식되어 왔다.

그러나 최근 몇 년 동안 달러 체제의 지속 가능성에 대한 논쟁이 점점 커지고 있다. 미국의 정부 부채는 빠르게 증가하고 있으며, 지정학적 갈등 역시 확대되고 있기 때문이다.

달리오는 패권과 통화 체제의 관계를 다음과 같이 설명한다.

"세계의 기축통화는 군사력과 금융력에 대한 신뢰 위에 세워진다."

즉 세계가 달러를 보유하는 이유는 단순히 경제 규모 때문만이 아니라, 미국이 세계 질서를 안정적으로 유지할 수 있다는 믿음 때문이다.

만약 호르무즈 해협과 같은 전략적 지역에서 미국의 통제력이 약화한다면 달러 체제 역시 점진적으로 영향을 받을 수 있다. 특히 글로벌 투자자들이 미국의 군사력과 정치적 안정성에 대해 의문을 갖기 시작한다면 자본은 다른 안전 자산으로 이동할 가능성이 있다.

역사적으로 패권의 변화는 언제나 통화 체제의 변화를 동반했다. 네덜란드의 길더, 영국의 파운드, 그리고 미국의 달러는 각각 자신들의 시대를 대표하는 기축통화였다.

## 네 가지 힘이 동시에 작용하는 시대

현재 세계 경제는 네 가지 거대한 힘이 동시에 작용하는 국면에 들어와 있다.

첫째는 지정학적 갈등이다. 중동 전쟁과 같은 충돌은 에너지 시장을 통해 세계 경제에 직접적인 영향을 미친다.

둘째는 금융 사이클이다. 글로벌 부채 규모는 역사적 최고 수준에 근접해 있으며, 금리 변화는 금융 시스템에 큰 부담을 주고 있다.

셋째는 기술 혁명이다. AI는 생산성을 크게 높일 잠재력을 갖고 있지만, 동시에 금융시장에 과도한 기대를 만들고 있다.

넷째는 통화 질서의 변화다. 달러 체제에 대한 신뢰가 유지될지 여부가 세계 금융시장에 중요한 변수로 떠오르고 있다.

## 세계 질서는 어디로 향하는가

결국 중요한 질문은 하나다.

현재의 세계 질서는 앞으로도 유지될 것인가.

수에즈 운하는 영국 패권의 종말을 알리는 사건이었다. 호르무즈 해협은 미국 패권이 시험받는 무대가 될 수 있다. AI 버블은 기술 혁명이 금융시장에 어떤 영향을 미칠지를 보여주는 또 하나의 시험대다. 그리고 달러 체제 역시 이러한 변화 속에서 지속될 것인지 시험받고 있다.

달리오는 다음과 같이 경고한다.

"패권국이 군사적 통제력과 금융적 신뢰를 동시에 잃는 순간 세계 질서는 빠르게 변화한다."

역사를 돌아보면 세계 질서는 언제나 특정한 순간을 통해 방향을 바꾸어왔다. 수에즈 위기가 그랬고, 오늘날 호르무즈 해협을 둘러싼 갈등 역시 그런 사건이 될 수 있다. 여기에 기술 혁명과 금융시장의 변화까지 결합되면서 세계 경제는 또 하나의 중요한 전환점을 향해 움직이고 있다.

지금 우리가 목격하고 있는 변화는 단순한 지정학적 긴장이 아니라, 세계 질서가 다시 재편되는 긴 과정의 한 장면일지도 모른다.

# 제16장

# 네 번의 미국 위기 사이클과
# 한국 경제

지금까지 살펴본 미국의 세 번의 위기와 현재 진행되고 있는 AI 사이클을 요약하면 〈표 16-1〉과 같다. 이때 한국 경제와 금융시장은 어땠을까?

세계 금융위기는 특정 국가에서 시작되지만, 그 영향은 결국 세계 경제로 확산된다. 개방도가 높은 경제일수록 이러한 충격에 더 민감하게 반응한다. 한국 경제 역시 예외가 아니다.

한국은 수출 의존도가 높은 경제 구조를 가지고 있으며, 글로벌 금융시장과의 연결성 역시 빠르게 확대되어 왔다. 이러한 구조 때문에 글로벌 금융 사이클의 변화는 종종 환율, 수출, 금융시장 변동성을 통해 한국 경제에 직접적인 영향을 미쳤다.

1929년 대공황, 2000년 닷컴 버블 붕괴, 2008년 글로벌 금융위기, 그리고 현재 진행 중인 AI 사이클은 서로 다른 형태의 충격을 만들었지만, 한국 경제와 금융시장은 매번 중요한 전환점을 경험했다.

**표 16-1 ㅣ 미국의 세 번의 위기와 AI 사이클**

| 구분 | 1929년<br>대공황 | 2000년<br>닷컴 버블 | 2008년<br>금융위기 | AI 사이클<br>(현재) |
|---|---|---|---|---|
| 핵심 기술 | 전기·자동차 | 인터넷 | 금융공학·<br>주택금융 | 인공지능 |
| 낙관 서사 | 생산성 혁명 | 신경제 | 주택 가격 영구<br>상승 | AI 생산성 폭발 |
| 레버리지<br>위치 | 개인 투자자<br>(마진) | 낮음(주요 중심) | 금융기관<br>(MBS·CDO) | 비은행 금융<br>(Private Credit) |
| 자본 조달<br>구조 | 브로커 대출 | 주식시장 | 은행·구조화<br>금융 | 사모신용 회사채·<br>프로젝트 금융 |
| 자산 버블 | 주식 | 기술주 | 부동산 | AI 인프라·기술주 |
| 초기 균열 | 마진콜 증가 | 기업 실적 부진 | 서브프라임 부실 | SaaS 수익성 압박 /<br>환매 문제 |
| 붕괴 형태 | 신용 수축 | 가격 붕괴 | 신용 시스템 붕괴 | 가격·신용 혼합 가능 |
| 금융 시스템<br>영향 | 은행 파산 | 제한적 | 금융 시스템 위기 | 비은행 금융 위험 |
| 통화 환경 | 금본위제 제약 | 금리 인하 가능 | 양적 완화 시작 | 부채 부담으로<br>정책 제약 |
| 정책 대응 | 금본위제 포기 | 금리 인하 | 양적 완화 | 유동성 공급<br>가능성 |
| 결과 | 대공황 | 기술주 조정 | 글로벌 금융위기 | 진행 중 |

자료: 내일희망경제연구소

## 2000년 닷컴 버블과 한국 금융시장

2000년 닷컴 버블은 한국 금융시장에 또 다른 형태의 충격을 가져왔다. 이 위기는 금융 시스템 자체의 붕괴로 이어진 위기는 아니었지만, 기술 혁명에 대한 기대가 어떻게 자산 가격 버블로 확대될 수 있는지를 보여준 사건이었다.

1990년대 후반 한국 경제는 외환 위기 이후 빠르게 회복하고 있었다. 1997년 아시아 금융위기 이후 한국 경제는 구조조정을 통해 금융 시스템을 정비했고, 기업 구조조정과 금융 개혁이 동시에 진행되었다. 이러한 과정 속에서 새로운 성장 산업으로 떠오른 분야가 바로 정보통신 산업이었다.

당시 세계 경제는 인터넷 혁명이라는 새로운 기술 변화의 한가운데에 있었다. 미국에서는 넷스케이프(Netscape), 야후(Yahoo), 아마존(Amazon)과 같은 인터넷 기업들이 등장했고, 투자자들은 인터넷이 기존 산업 구조를 완전히 바꿀 것이라고 믿기 시작했다. 이러한 낙관은 빠르게 글로벌 금융시장으로 확산되었다.

한국 역시 이러한 흐름에서 자유롭지 않았다. 1990년대 후반 한국에서는 초고속 인터넷 인프라가 빠르게 구축되었고, 이동통신 산업도 급격히 성장하고 있었다. 인터넷 포털과 온라인 서비스 기업들이 등장하면서 정보통신 산업은 새로운 성장 엔진으로 주목받았다.

이 시기 한국 증시는 IT 기업을 중심으로 빠르게 상승했다. 특히 반도체와 통신 장비 기업들은 글로벌 기술 붐의 직접적인 수혜를 받았다. 메모리 반도체 수요는 급격히 증가했고, 통신 장비와 네트워크 인프라 투자 역시 확대되었다. 투자자들은 정보기술 산업이 장기간 높은 성장률을 유지할 것이라고 기대했다.

이러한 기대는 주식시장에서도 강하게 반영되었다. 코스피 시장 뿐 아니라 코스닥 시장이 급격히 성장했다. 코스닥은 벤처기업과 기술기업의 자금 조달을 위해 설립된 시장이었는데, 인터넷 기업과 IT 기업들이 대거 상장하면서 투자 자금이 빠르게 유입되었다.

당시 코스닥 지수는 단기간에 급등했다. 많은 벤처기업이 높은 밸류에이션을 인정받았고, 투자자들은 미래 성장 가능성을 근거로 기업 가치를 평가했다. 그러나 이러한 평가에는 실제 수익 모델보다 미래 기대가 더 크게 반영되어 있었다.

문제는 이러한 낙관이 글로벌 금융시장 전체에서 동시에 형성되고 있었다는 점이다. 미국 나스닥 시장에서 기술주 가격이 급등하면서 글로벌 투자자들은 기술기업의 미래를 과도하게 낙관하기 시작했다.

그러나 2000년 들어 상황은 빠르게 변하기 시작했다. 인터넷 기업의 수익성이 기대에 미치지 못한다는 사실이 드러나면서 투자 심리는 급격히 위축되었다. 미국 나스닥 시장에서 기술주 가격이 급락하기 시작했고, 닷컴 기업들의 파산이 이어졌다.

이러한 충격은 한국 증시에도 빠르게 전이되었다. 글로벌 기술주 가격이 하락하면서 외국인 투자자들은 위험 자산 비중을 축소하기 시작했고, 한국 증시에서도 IT 기업 중심으로 매도 압력이 확대되었다.

특히 코스닥 시장이 큰 타격을 받았다. 인터넷 기업과 벤처기업의 주가는 급격히 하락했고 많은 기업의 시가총액이 크게 줄어들었다. 투자자들의 기대가 빠르게 사라지면서 시장 심리는 급격히 냉각되었다.

그러나 중요한 점은 2000년 버블 붕괴가 금융 시스템 위기로 이어지지는 않았다는 것이다. 이는 당시 버블의 중심이 신용시장이 아니라 주식시장이었기 때문이다. 은행 시스템은 비교적 안정적으로 유지되었고, 금융기관의 대규모 부실로 이어지지는 않았다. 즉 이 위기는 가격 버블의 붕괴였지, 신용 위기의 붕괴는 아니었다.

한국 경제 역시 일정한 충격을 경험했다. IT 산업의 투자와 수출이 둔화하면서 경제성장률은 일시적으로 하락했다. 그러나 금융 시스템 자체는 안정적으로 유지되었고, 경제는 비교적 빠르게 회복될 수 있었다.

결과적으로 2000년 닷컴 버블 붕괴는 한국 경제에 기술주 중심 자산 가격 조정이라는 형태로 나타났다. 이는 금융 시스템 전체를 흔든 위기라기보다는 기술 혁명에 대한 기대가 자산 가격에 과도하게 반영되었을 때 발생할 수 있는 전형적인 시장 조정이었다.

이 사건은 중요한 교훈을 남겼다. 기술 혁명은 실제일 수 있지만, 기술 혁명의 속도와 금융시장의 기대 속도는 항상 동일하지 않다는 사실이다. 그리고 그 차이가 커질 때 자산 가격은 결국 현실과 다시 만나게 된다.

## 2008년 글로벌 금융위기와 한국

2008년 글로벌 금융위기는 한국 경제에 훨씬 더 직접적인 충격을 주었다. 2000년 닷컴 버블이 주식시장 중심의 가격 조정이었다면, 2008년 위기는 금융 시스템 자체가 흔들린 신용 위기였다.

이 위기의 출발점은 미국 주택시장에 있었다. 2000년대 초 미국에서는 저금리 환경 속에서 주택담보대출이 급격히 확대되었고, 신용등급이 낮은 차입자에게까지 대출이 확산되었다. 이른바 서브프라임 모기지 시장이었다.

문제는 이러한 대출이 단순한 은행 대출로 끝나지 않았다는 점이다. 금융기관들은 주택담보대출을 기반으로 주택저당증권(MBS)과 부채담보부증권(CDO) 같은 구조화 금융상품을 만들어 글로벌 투자자들에게 판매했다. 이러한 금융상품은 높은 신용등급을 부여받았고, 세계 금융기관과 투자자들이 대규모로 보유하게 되었다.

그러나 2007년 이후 미국 주택 가격 상승세가 둔화되면서 상황은 빠르게 악화되었다. 연체율이 상승하고 주택 가격이 하락하기 시작하면서 구조화 금융상품의 가치에 대한 의심이 커졌다. 결국 2008년 리먼브라더스의 파산을 계기로 글로벌 금융 시스템은 심각한 신뢰 위기에 빠졌다.

이 충격은 세계 금융시장을 통해 빠르게 확산되었다. 한국 경제는 당시 비교적 건전한 은행 시스템을 유지하고 있었다. 1997년 외환 위기 이후 한국은 금융 시스템을 대대적으로 개혁했고, 은행의 자본 건전성도 상당히 개선된 상태였다. 그러나 한국 경제는 글로벌 금융시장과 깊이 연결되어 있었기 때문에 외부 충격에서 완전히 자유로울 수는 없었다.

특히 충격은 외환시장에서 가장 크게 나타났다. 글로벌 금융시장에서 위험 회피 심리가 급격히 확대되자 투자자들은 달러 자산을 선호하기 시작했다. 글로벌 금융기관들은 달러 유동성을 확보하기 위해 자산을 매각했고, 신흥국 시장에서 자금이 빠르게 빠져나가기 시작했다.

이 과정에서 한국 외환시장은 큰 압력을 받았다. 외국인 투자자들이 한국 주식과 채권을 매도하면서 달러 수요가 급격히 증가했고, 원화는 빠르게 약세를 보였다. 원·달러 환율은 단기간에 급격히 상승했고 외환시장의 변동성은 크게 확대되었다.

당시 한국 금융시장은 달러 유동성 부족 문제에 직면했다. 한국 기업과 금융기관들은 외화 차입에 의존하는 구조를 가지고 있었는데, 글로벌 금융시장에서 달러 자금 조달이 어려워지면서 외화 유동성에 대한 불안이 커졌다.

주식시장 역시 큰 충격을 받았다. 글로벌 금융 불안이 확대되면서 외국인 투자자들의 매도세가 강화되었고 코스피 지수는 빠르게 하락했다. 투자 심리는 급격히 위축되었고 시장 변동성은 크게 확대되었다.

그러나 한국은 비교적 빠르게 위기를 극복할 수 있었다. 정부와 중앙은행은 적극적인 정책 대응에 나섰다. 한국은행은 금융기관에 대한 유동성 공급을 확대했고, 외환시장의 안정화를 위해 다양한 조치를 시행했다.

특히 중요한 역할을 한 것은 미국 연방준비제도와의 통화 스와프 협정이었다. 2008년 한국과 미국은 대규모 통화 스와프 협정을 체결했고, 이는 외환시장 안정에 중요한 역할을 했다. 달러 유동성 공급이 가능해지면서 시장의 불안 심리는 빠르게 완화되었다.

또한 정부는 금융기관의 외화 유동성 관리 규제를 강화하고 금융시장 안정 정책을 시행했다. 이러한 정책 대응은 금융 시스템에 대한 신뢰를 회복하는 데 중요한 역할을 했다.

결과적으로 한국 경제는 글로벌 금융위기의 충격을 받았지만 금융 시스템 자체의 붕괴로 이어지지는 않았다. 경제성장률은 일시적으로 하락했지만 금융 시스템은 유지되었고, 경제는 비교적 빠르게 회복 국면으로 돌아섰다.

2008년 글로벌 금융위기는 한국 경제에 중요한 교훈을 남겼다. 그것은 한국 경제가 단순한 수출 경제를 넘어 글로벌 금융 네트워크와 깊이 연결된 경제가 되었다는 사실이었다.

이 사건은 특히 다음과 같은 구조적 위험을 드러냈다.

첫째, 글로벌 금융시상의 변동성은 한국 외환시장에 빠르게 전이될 수 있다.

둘째, 외화 유동성 부족은 금융시장 불안을 확대시킬 수 있다.

셋째, 글로벌 금융 네트워크와의 연결성은 기회이지만 동시에 위험이 될 수 있다.

즉 2008년 위기는 한국 경제에 글로벌 금융 연결성과 외환시장 안정성의 중요성을 보여준 사건이었다.

## AI 사이클과 한국 경제

AI 사이클은 한국 경제에 과거와는 다른 성격의 기회와 위험을 동시에 제공하고 있다. 2000년의 닷컴 버블이 기술주 중심 자산 가격 조정을 보여주었으며, 2008년 글로벌 금융위기가 외환시장과 금융 연결성의 위험을 드러냈다면, 현재의 AI 사이클은 한국 경제를 세계 기술 공급망과 글로벌 금융 사이클의 교차점에 올려놓고 있다.

이 점에서 AI 시대의 한국은 이전과 다르다. 과거 한국은 글로벌 위기의 영향을 받는 수동적 주변국에 가까웠다. 그러나 지금의 한국은 글로벌 기술 혁명의 핵심 공급망 안에 들어와 있다. 메모리 반도체, 고대역폭 메모리(HBM), 첨단 패키징, AI 서버용 부품, 전력 장비, 냉각 인프라 등 AI 시대에 필요한 핵심 산업 중 상당 부분이 한국 기업과 연결되어 있다.

즉 한국은 이번 사이클에서 단순한 피해자도, 단순한 관찰자도 아니다. 한국은 AI 버블의 수혜국인 동시에, 버블 붕괴의 충격을 가장 먼저 받는 시장 중 하나가 될 수 있다.

## AI는 왜 한국 경제에 특별한 의미를 가지는가

AI 산업은 단순한 소프트웨어 산업이 아니다. 그것은 반도체, 데이터센터, 전력, 냉각, 네트워크를 모두 필요로 하는 종합 자본재 산업이다. 이 구조에서 한국의 중요성은 매우 크다.

첫째, 한국은 메모리 반도체 강국이다. AI 데이터센터와 고성능 연산 장비는 막대한 양의 메모리 반도체를 필요로 한다. 특히 대규모 AI 모델의 학습과 추론에는 기존 서버보다 훨씬 높은 메모리 대역폭과 집적도가 요구된다. 이 때문에 HBM과 같은 고부가가치 메모리 제품의 중요성이 급격히 상승했다.

둘째, 한국은 반도체 장비·소재·부품 공급망에서 중요한 위치를 차지하고 있다. AI 반도체의 생산은 단순히 칩 설계로 끝나지 않는다. 첨단 공정, 패키징, 검사 장비, 전력 관리 부품, 기판, 화학 소재 등 복잡한 공급망이 필요하다. 한국 경제는 이 공급망의 여러 지점에 깊숙이 연결되어 있다.

셋째, 한국 증시 자체가 반도체 중심 구조를 갖고 있다. 코스피의 시가총액 상위 기업 중 상당 부분이 반도체, 전자, 2차전지, IT 하드웨어와 같은 기술 산업에 집중되어 있다. 이 때문에 글로벌 AI 사이클이 강화될 때 한국 증시는 강한 수혜를 받을 수 있지만, 반대로 사이클이 둔화될 때 조정 폭도 커질 수 있다.

결국 AI 사이클은 한국 경제에 단순한 산업 호재가 아니라 수출, 설비 투자, 기업 이익, 증시, 환율을 동시에 움직이는 거대한 거시 변수가 된다.


## AI 호황이 한국에 주는 기회

AI 사이클의 상승 국면에서는 한국 경제가 상당한 혜택을 받을 수 있다.

가장 직접적인 경로는 수출 증가다. AI 서버, 데이터센터, 클라우드 인프라 투자가 확대되면 메모리 반도체 수요가 증가하고, 이는 한국 반도체 수출 증가로 이어진다. 반도체는 이미 한국 수출의 핵심 산업이며, AI 수요 확대는 이 산업의 가격과 물량 모두를 개선시킬 수 있다.

둘째, 기업 이익 개선이 나타난다. 반도체 가격 상승과 고부가 제품 비중 확대는 한국 대표 기업들의 영업이익을 크게 개선시킬 수 있다. 이익이 증가하면 증시의 밸류에이션도 높아질 가능성이 커진다.

셋째, 설비 투자 확대가 가능하다. AI 반도체 수요가 구조적으로 증가할 것이라는 기대가 형성되면 한국 기업들은 생산능력 확대와 연구개발 투자에 나설 수 있다. 이는 국내 제조업 투자와 고용에도 긍정적인 영향을 줄 수 있다.

넷째, 코스피의 구조적 재평가 가능성이 나타난다. AI가 일시적 테마가 아니라 장기적 산업 전환으로 인식될 경우, 한국 증시는 단순 경기 민감 시장이 아니라 글로벌 AI 공급망의 핵심 시장으로 재평가될 수 있다.

이러한 흐름은 한국 경제에 매우 중요한 의미를 갖는다. 그동안 한국 경제는 중국 성장, 미국 경기, 글로벌 교역 회복과 같은 외생 변수에 크게 의존해왔다. 그러나 AI 사이클은 한국 경제에 자체적인 구조적 성장 스토리를 제공할 수 있다.

그러나 이번에는 기회만 있는 것이 아니다. 문제는 AI 산업이 동시에 매우 자본 집약적이고 신용 의존적인 구조를 갖는다는 점이다. AI 산업의 성장은 단순히 앱이나 플랫폼의 확산으로 이루어지지 않는다. 대규모 데이터센터 건설, 전력망 확장, 반도체 공장 증설, 냉각 설비 투자와 같은 거대한 CAPEX가 필요하다.

이러한 구조는 다음과 같은 질문을 낳는다.

이 투자는 얼마나 빠르게 수익으로 연결되는가.

자본 조달 구조는 얼마나 신용에 의존하고 있는가.

금리가 높은 상태에서 이 CAPEX는 지속 가능한가.

이 질문은 한국 경제에도 직접 연결된다. 왜냐하면 한국의 대표 산업들이 AI 호황의 수혜를 받는 동시에, 그 호황이 꺾일 경우 충격도 가장 먼저 받을 가능성이 크기 때문이다.

예를 들어 AI 관련 글로벌 CAPEX가 둔화될 경우 다음과 같은 경로가 나타날 수 있다.

**글로벌 데이터센터 투자 둔화**

→ 반도체 발주 감소

→ 메모리 가격 하락

→ 한국 반도체 수출 둔화

→ 기업 이익 하향

→ 코스피 조정

이 경로는 2000년 닷컴 버블 붕괴와 유사한 가격형 조정으로 나타날 수 있다.

그러나 만약 AI CAPEX가 사모신용, 프로젝트 파이낸싱, 레버리지 구조와 결합되어 있다면 이야기는 달라진다. 이 경우 AI 산업의 둔화는 단순한 기술주 조정이 아니라 신용시장 긴장으로 이어질 수 있다.

## AI와 한국 금융시장: 가격형 조정의 경우

가장 낙관적인 시나리오는 AI 버블이 2000년형 가격 조정으로 마무리되는 경우다. 이때 AI 관련 기업의 실적이 시장 기대에 못 미치고, 과도했던 밸류에이션이 조정된다. 반도체와 AI 장비 관련 주식은 하락하고 코스피 IT 섹터는 큰 폭의 조정을 받을 수 있다.

그러나 금융 시스템 자체가 안정적으로 유지된다면 이 충격은 자산 가격 범위에 머문다.

한국 경제에 미치는 영향은 다음과 같을 수 있다.

- 반도체 수출 증가율 둔화
- 기업 이익 하향 조정
- 코스피 및 코스닥 기술주 약세
- 설비 투자 계획 축소

이 경우 성장률 둔화는 나타날 수 있지만 금융위기로 이어질 가능성은 상대적으로 낮다.

즉 한국 경제는 기술주 중심 조정을 겪지만 시스템 리스크는 제한적이다. 이 시나리오는 고통스럽지만 비교적 관리 가능한 조정이다.

## AI와 한국 금융시장: 신용형 조정의 경우

더 위험한 시나리오는 AI 버블이 신용형 위기로 전이되는 경우다. 이때 문제의 중심은 주가가 아니라 자본 조달 구조다. AI 인프라에 투입된 자금 중 일부가 사모신용, 프로젝트 파이낸싱, 레버리지 구조를 통해 조달되었다면, 금리 상승이나 수익화 지연은 차환 부담을 급격히 높일 수 있다.

이때 글로벌 신용시장에서는 다음과 같은 경로가 나타날 수 있다.

| **AI 프로젝트 수익성 의문** |

→ 신용 스프레드 확대

→ 차환 비용 증가

→ 사모신용펀드 NAV 압박

→ 환매 요구 증가

→ 자산 매각 및 할인 확대

→ 글로벌 위험 자산 회피

이러한 구조가 현실화되면 한국 금융시장은 단순한 기술주 조정을 넘어선 충격을 받을 수 있다.

첫째, 원화 약세가 나타날 가능성이 높다. 글로벌 투자자들이 위험 자산 비중을 축소하면 신흥국 통화는 빠르게 약세를 보이는 경향이 있다. 한국은 기축통화국이 아니기 때문에 달러 수요 확대 국면에서 원화 변동성이 커질 수 있다.

둘째, 외국인 자금 유출 가능성이 높다. 한국 증시는 외국인 자금 비중이 높고, 글로벌 리스크오프 국면에서 외국인 매도 압력은 빠르게 확대될 수 있다.

셋째, 코스피의 조정 폭이 커질 수 있다. 특히 한국 증시가 AI 수혜주에 대한 기대를 크게 반영하고 있는 경우, 기대가 꺾이는 순간 밸류에이션 조정과 이익 전망 하향이 동시에 나타날 수 있다.

넷째, 국내 신용시장도 영향을 받을 수 있다. 글로벌 금리와 스프레드가 상승하면 국내 기업의 자금 조달 비용도 높아진다. 특히 투자 확대를 추진하던 기업들은 자본 비용 상승에 직면할 수 있다.

이 경우 한국 경제는 단순한 기술 조정을 넘어 외환시장, 주식시장, 신용시장의 복합 충격을 받을 가능성이 있다.

### 정책형 위기와 한국의 취약성

가장 복잡한 시나리오는 AI 버블 붕괴가 정책형 위기, 즉 통화 질서 문제로까지 이어지는 경우다. 이때의 전개는 다음과 같다.

> **신용시장 불안**

→ 중앙은행의 유동성 공급

→ 정부 부채 확대

→ 실질금리 하락 또는 음수 지속

→ 달러 강세 혹은 통화 신뢰 문제

한국은 이 시나리오에서 특히 취약할 수 있다. 왜냐하면 한국은 기축통화국이 아니고, 대외 의존도가 높으며, 에너지 수입 비중이 높고, 외국인 자본 비중도 크기 때문이다.

글로벌 금융시장에서 통화 불안이 확대될 경우 한국은 다음과 같은 압력을 받을 수 있다.

- 원화 약세
- 수입 물가 상승
- 외국인 자금 유출
- 금리정책 제약 확대

특히 달러 강세가 심화하면 한국은행은 경기 방어와 환율 안정 사이에서 어려운 선택을 해야 할 수 있다. 금리를 인하하면 원화 약세가 심화할 수 있고, 금리를 유지하면 경기 둔화 압력이 커질 수 있다. 즉 정책형 위기에서는 한국 경제가 통화정책의 제약까지 경험할 가능성이 있다.

## 한국 경제가 이번에 마주한 새로운 질문

과거 한국 경제는 위기의 충격을 외부에서 수입하는 경제에 가까웠다. 그러나 AI 시대의 한국은 다르다. 이번에는 한국이 위기의 영향만 받는 것이 아니라 위기의 서사 안에 직접 들어와 있다. 왜냐하면 한국의 핵심 산업이 AI 공급망의 중심에 있기 때문이다.

이는 매우 중요한 변화다. 기회가 클수록 기대도 커진다. 기대가 커질수록 밸류에이션도 높아진다. 그리고 밸류에이션이 높아질수록 조정의 충격도 커진다. 즉 한국 경제는 AI 시대에 성장의 중심이 될 수 있지만 동시에 조정의 중심이 될 수도 있다.

| 구분 | 1929년<br>대공황 | 2000년<br>닷컴 버블 | 2008년 글로벌<br>금융위기 | AI 사이클<br>(현재) |
| --- | --- | --- | --- | --- |
| 기술·경제 배경 | 전기·자동차 산업 | 인터넷 혁명 | 금융공학 확대 | 인공지능 혁명 |
| 위기의 성격 | 통화 수축·<br>디플레이션 | 기술주 버블 붕괴 | 글로벌 신용 위기 | 기술 CAPEX·<br>신용 결합 |
| 출발점 | 미국 증시 폭락 | 나스닥 급락 | 미국 주택시장<br>붕괴 | AI 투자 사이클<br>CAPEX |
| 글로벌 전이 | 세계 교역 붕괴 | 글로벌 증시 조정 | 금융 시스템 경색 | 공급망+금융시장 |
| 한국 경제 위치 | 식민지 농업 경제 | IT 성장 초기 | 금융 글로벌화 | AI 공급망 핵심 |
| 한국 주요 충격 | 농산물 가격 하락 | 코스닥 붕괴 | 원화 급락 | 반도체<br>사이클 변동 |
| 금융시장 영향 | 제한적 | IT·벤처주 급락 | 코스피 급락 | 반도체 중심<br>변동성 |
| 위기 구조 | 실물경제 위기 | 가격 버블 | 신용 위기 | 가격·신용<br>복합 가능 |

자료: 내일희망경제연구소

AI 사이클은 한국 경제에 과거와 다른 기회를 제공하고 있다. 반도체, 메모리, 첨단 제조업, 데이터센터 공급망에서 한국의 위치는 그 어느 때보다 숭요해지고 있다. 그러나 동시에 이번 사이클은 새로운 위험을 내포한다.

AI 산업은 단순한 기술 산업이 아니라 막대한 CAPEX와 신용 구조 위에 서 있는 인프라 산업이기 때문이다. 따라서 한국 경제의 핵심 질문은 단순하지 않다. AI가 얼마나 성장할 것인가가 아니라,

그 성장이 어떤 자본 구조와 금융 구조 위에 구축되고 있는가가 더 중요하다.

가격 조정이라면 한국은 견딜 수 있다. 그러나 신용 조정이라면 충격은 훨씬 더 커질 수 있다. 그리고 통화 질서의 문제로 전이된다면 한국은 가장 빠르게 영향을 받는 경제 중 하나가 될 수 있다. 즉 AI 시대의 한국은 가장 큰 기회와 가장 빠른 위험이 동시에 존재하는 경제다.

# 제17장

# 반도체 사이클과 삼성전자 주가

## 반도체가 한국 경제의 나침판

한국 경제를 이해하는 가장 간단한 방법 중 하나는 반도체 산업을 보는 것이다. 반도체는 단순한 제조업이 아니라 한국 경제 구조를 결정하는 핵심 산업이다. 수출, 기업 이익, 금융시장, 그리고 환율까지 한국 경제의 주요 변수들은 상당 부분 반도체 산업의 흐름과 연결되어 있다.

한국의 수출 구조를 보면 이러한 사실은 더욱 분명하게 드러난다. 2000~2016년에 한국 수출에서 반도체가 차지하는 비중은 연평균 10.5%였다. 당시 한국 경제는 자동차, 조선, 철강, 석유화학 등 다양한 제조업이 비교적 균형을 이루는 구조였다.

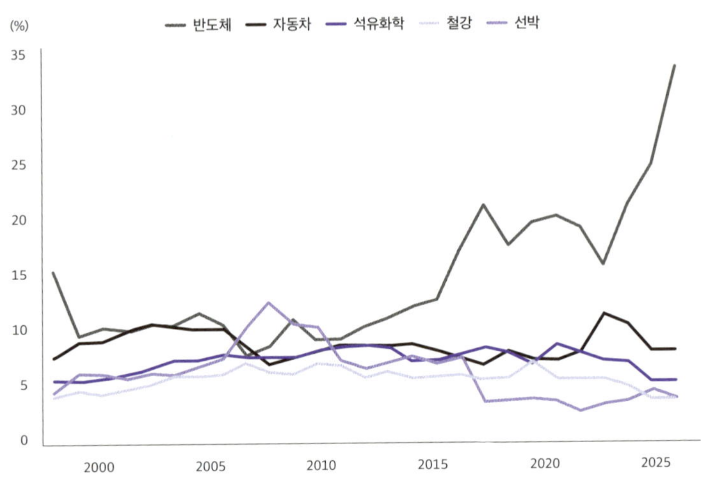



주: 2026년은 1~2월 기준
자료: 관세청

그러나 이후 정보기술 산업의 성장과 데이터 경제의 확산을 거치면서 반도체의 중요성은 지속적으로 확대되었다. 2020년대에 들어서면서 반도체는 한국 수출에서 가장 큰 비중을 차지하는 산업이 되었고, 2025년 기준 반도체 수출 비중은 24.4%까지 상승했다. 2026년 1~2월에는 이 비중이 32.9%로 사상 최고 수준에 도달했다.

이러한 변화는 단순한 산업 구조 변화가 아니라 한국 경제가 반도체 중심 경제로 이동하고 있음을 의미한다.

반도체 산업은 한국 경제에서 단순한 수출 산업이 아니라 성장의 핵심 동력이며 동시에 금융시장 변동의 중심 변수다. 특히 삼성전자와 같은 기업은 한국 증시에서 매우 큰 비중을 차지하고 있기 때문에 반도체 산업의 변화는 금융시장 전체의 방향에도 영향을 미친다.

따라서 한국 경제를 분석할 때 반도체 산업의 사이클을 이해하는 것은 매우 중요하다.

## 반도체 수출과 삼성전자 주가

반도체 산업의 흐름은 금융시장에서도 매우 뚜렷하게 나타난다. 특히 삼성전자 주가는 반도체 수출과 매우 높은 상관관계(2000.1~2026.2, 상관계수 0.93)를 보인다.

데이터를 보면 반도체 수출이 증가할 때 삼성전자 주가 역시 상승하는 경향이 반복적으로 나타난다. 반대로 반도체 수요가 둔화되고 수출이 감소할 때 삼성전자 주가 역시 하락하는 모습을 보인다.

이러한 관계는 우연이 아니다. 반도체 수출은 글로벌 반도체 수요를 반영하며, 이는 곧 삼성전자의 매출과 이익 전망에 직접적인 영향을 미친다. 투자자들은 이러한 전망을 반영하여 주식을 매수하거나 매도한다. 즉 반도체 수출은 산업 지표이지만, 동시에 금융시장에 중요한 신호를 제공하는 지표이기도 하다.

이 때문에 반도체 수출과 삼성전자 주가는 장기적으로 매우 높은 상관관계를 보인다. 실제로 장기 데이터를 보면 두 변수는 거의 같은 방향으로 움직이는 경향이 있다.

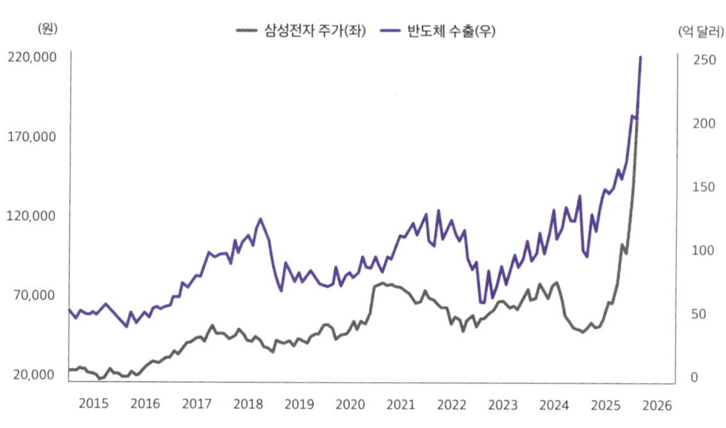


자료: 관세청, KRX

## 장기 추세: 기술 혁명과 반도체 수요

반도체 산업의 장기 추세를 보면 기술 혁명과 매우 밀접한 관계가 있다.

1990년대 이후 세계 경제는 여러 차례의 기술 혁명을 경험했다.

- PC 산업 확산
- 인터넷 혁명
- 스마트폰 혁명
- 클라우드와 데이터센터 확산

이러한 기술 변화는 모두 반도체 수요를 증가시키는 역할을 했다. PC 산업이 확산되면서 컴퓨터와 서버에 대한 수요가 증가했고, 인터넷 혁명이 등장하면서 네트워크 장비와 데이터 처리 능력이 중요해졌다. 이후 스마트폰이 등장하면서 모바일 반도체 수요가 크게 증가했다.

2010년대 이후에는 클라우드 컴퓨팅과 데이터센터 산업이 빠르게 성장하면서 메모리 반도체 수요가 또 한 번 크게 증가했다. 이 과정에서 반도체 산업은 장기적으로 성장해왔으며, 삼성전자 역시 이러한 기술 혁명의 흐름 속에서 지속적으로 성장했다.

그러나 이러한 성장 과정은 직선적인 상승이 아니라 반복적인 사이클 속에서 이루어졌다.

## 반도체 산업의 순환 구조

반도체 산업은 전형적인 경기 순환 산업이다. 수요가 증가하면 기업들은 설비 투자를 확대한다. 그러나 반도체 공장을 건설하고 생산능력을 화대하는 데에는 상당한 시간이 필요하다. 이러한 특성 때문에 수요 증가 이후 일정 시간이 지나면 공급이 급격히 증가하게 된다.

공급이 증가하면 반도체 가격은 하락하기 시작한다. 가격 하락은 기업의 수익성을 악화시키고, 결국 설비 투자 축소로 이어진다. 이후 시간이 지나면서 공급이 줄어들면 다시 가격이 상승하고 새로운 상승 사이클이 시작된다. 이러한 구조 때문에 반도체 산업은 일 정한 주기를 가진 순환을 반복한다.

과거 반도체 산업의 주요 사이클을 보면 다음과 같은 기술 변화 가 그 배경에 있었다.

- 1990년대 PC 산업 확산
- 2000년 인터넷 혁명
- 2010년 스마트폰 산업
- 2017년 데이터센터 투자

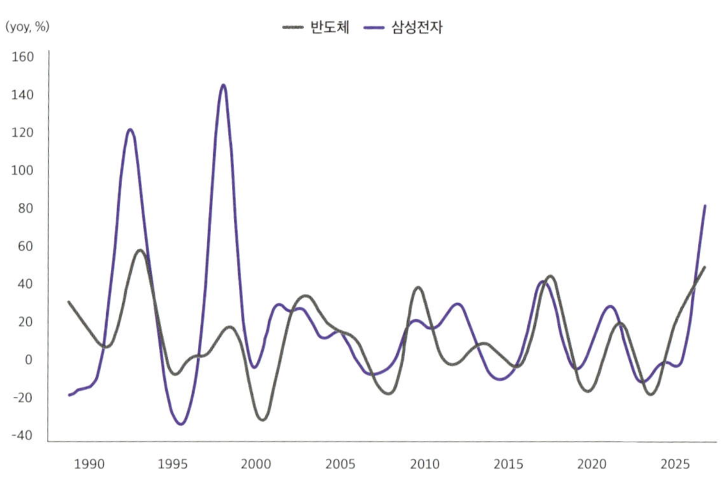

그림 17-3 | 반도체 수출과 삼성전자 주가 장기 순환



주: 호드릭-프레스콧 필터로 추세를 추정하고 전년 동월비 증가율을 을 구한 것임.
자료: 관세청, KRX, 내일희망경제연구소

 

그리고 지금 세계는 또 하나의 새로운 반도체 사이클을 경험하고 있다. AI 반도체 사이클이다.

## 삼성전자 주가의 레버리지 구조

반도체 수출과 삼성전자 주가는 대체로 같은 방향으로 움직인다. 그러나 두 변수의 움직임을 자세히 살펴보면 중요한 차이가 하나 발견된다. 바로 변동 폭의 차이다. 데이터를 보면 반도체 수출의 변화보다 삼성전자 주가의 변화가 훨씬 크게 나타나는 경우가 많다. 반도체 수출이 일정한 폭으로 증가하거나 감소할 때 삼성전자 주가는 그보다 훨씬 큰 폭으로 움직이는 경향이 반복적으로 나타난다.

이러한 현상은 금융시장의 본질적인 특성에서 비롯된다. 산업 지표는 실제 경제활동을 반영한다. 반도체 수출은 현재의 수요와 생산, 그리고 거래 규모를 보여주는 실물경제 지표다. 반면 주가는 현재가 아니라 미래에 대한 기대를 반영하는 가격이다. 투자자들은 기업의 현재 이익만 보고 주식을 평가하지 않는다. 오히려 앞으로 기업이 얼마나 많은 이익을 창출할 것인지에 대한 기대가 기업 가치 평가의 핵심 기준이 된다.

이 때문에 반도체 산업의 변화가 나타날 때 주식시장은 실제 경제보다 먼저 움직이기 시작한다. 예를 들어 반도체 수요가 증가할 것으로 예상되면 투자자들은 미래에 삼성전자의 매출과 이익이 크게 늘어날 것이라고 판단한다. 이 기대가 형성되는 순간 주식시장은 이미 미래의 이익을 가격에 반영하기 시작한다. 따라서 삼성전자 주가는 실제 실적이 개선되기 훨씬 이전부터 상승하기 시작한다.

반대로 반도체 시장이 둔화될 것으로 예상되면 상황은 정반대로 전개된다. 수요 감소나 가격 하락이 예상되면 투자자들은 미래의 이익 감소를 먼저 반영하기 시작한다. 이 과정에서 주가는 실제 실적이 악화되기 전에 먼저 하락하기 시작한다. 즉 금융시장은 항상 실물경제보다 한발 앞서 움직이는 특성을 가지고 있다.

이러한 구조 때문에 삼성전자 주가는 반도체 산업의 변화를 증폭된 형태로 반영하는 경향이 있다. 반도체 수요가 조금만 증가해도 투자자들의 기대가 크게 확대되면서 주가는 큰 폭으로 상승할 수 있다. 반대로 산업 사이클이 둔화될 때는 기대가 빠르게 축소되면서 주가 역시 더 큰 폭으로 하락할 수 있다.

이 때문에 금융시장에서는 삼성전자 주가를 종종 반도체 사이클의 '레버리지 자산'으로 표현한다. 레버리지 자산이란 기초자산의 변화보다 더 큰 폭으로 움직이는 자산을 의미한다. 반도체 수요와 수출이 기초 산업 사이클이라면, 삼성전자 주가는 그 산업 사이클을 금융시장에 증폭시켜 반영하는 자산이라고 볼 수 있다.

결국 삼성전자 주가의 움직임은 단순히 한 기업의 주가 변동을 의미하지 않는다. 그것은 반도체 산업의 미래에 대한 시장의 기대가 어떻게 형성되고 변화하는지를 보여주는 하나의 지표다. 따라서 한국 금융시장을 이해하려면 반도체 산업의 흐름뿐 아니라 그 산업에

대한 투자자들의 기대가 어떻게 변화하는지도 함께 살펴볼 필요가
있다.

## 반도체 사이클과 한국 주식시장

이러한 구조는 한국 금융시장 전체에도 중요한 의미를 가진다. 그 이
유는 삼성전자가 코스피 시장에서 차지하는 비중이 매우 크기 때
문이다. 삼성전자는 오랫동안 코스피 시가총액 1위를 유지해왔으며,
시기마다 차이가 있지만 전체 시가총액의 약 15~25% 수준을 차지
하는 경우가 많다. 여기에 반도체 산업과 밀접한 기업들까지 포함하
면 반도체 관련 산업이 한국 증시에서 차지하는 영향력은 훨씬 더
커진다.

이 때문에 삼성전자 주가의 변화는 단순히 한 기업의 주가 변동
에 그치지 않는다. 그것은 코스피 지수 전체의 방향을 좌우하는 핵
심 변수로 작용한다. 삼성전자 주가가 상승하면 코스피 지수 역시
상승 압력을 받는 경우가 많고, 반대로 삼성전자 주가가 하락하면
코스피 역시 하락하는 모습을 보이는 경우가 반복적으로 나타난다.

결국 한국 금융시장의 움직임은 다음과 같은 구조로 설명할 수
있다.

**반도체 수요 증가**

→ 반도체 수출 증가

→ 삼성전자 이익 증가

→ 삼성전자 주가 상승

→ 코스피 상승

이 과정은 단순히 기업 실적과 주가 사이의 관계만을 의미하는 것이 아니다. 반도체 산업의 성장 기대는 외국인 투자 자금의 흐름에도 영향을 미친다. 글로벌 투자자들은 반도체 산업 전망이 밝을 때 한국 주식시장에 대한 투자 비중을 확대하는 경향이 있다. 반대로 반도체 사이클이 둔화될 것으로 예상되면 외국인 투자자들은 위험 자산 비중을 줄이며 한국 증시에서 자금을 회수하기도 한다.

따라서 반도체 사이클은 한국 금융시장에서 단순한 산업 변수가 아니라 자본 흐름을 결정하는 핵심 변수로 작용한다. 이러한 특성 때문에 한국 증시는 종종 '반도체 시장의 확장판' 또는 '반도체 사이클의 레버리지 시장'으로 표현되기도 한다.

또한 이러한 구조는 환율 시장에도 영향을 미친다. 반도체 수출이 증가하면 한국의 무역수지와 경상수지가 개선될 가능성이 높아지고, 이는 원화 강세 압력으로 이어질 수 있다. 반대로 반도체 수요가 둔화되면 수출 증가율이 낮아지고 외국인 자금이 유출되면서 원화 약세 압력이 나타날 수도 있다.

이처럼 반도체 산업의 변화는 단순히 한 산업의 성장이나 침체에 그치지 않는다. 그것은 수출, 기업 이익, 주식시장, 그리고 환율까지 연결되는 하나의 거대한 거시경제 사이클을 형성한다.

따라서 한국 주식시장을 이해하려면 코스피 지수 자체를 보기보다 그 배후에 있는 반도체 산업의 흐름을 먼저 살펴볼 필요가 있다. 반도체 산업의 사이클이 상승 국면에 있을 때 한국 주식시장은 강세를 보일 가능성이 높고, 반대로 반도체 사이클이 하락 국면에 들어갈 때 한국 주식시장 역시 조정 압력을 받을 가능성이 높기 때문이다.

결국 한국 금융시장의 구조를 한 문장으로 정리하면 다음과 같다.

한국 증시는 반도체 사이클 위에서 움직이는 시장이다.


## AI 반도체 사이클

최근 몇 년 동안 AI 기술의 확산은 반도체 산업에 새로운 수요를 만들어내고 있다. 과거의 기술 혁명이 주로 개인용 컴퓨터나 스마트폰과 같은 소비자 기기를 중심으로 이루어졌다면, 현재 진행되고 있는 AI 혁명은 대규모 데이터센터와 고성능 연산 인프라를 중심으로 이루어지고 있다.

대규모 AI 모델을 학습하기 위해서는 막대한 연산 능력이 필요하다. 최근 등장한 대규모 언어 모델이나 생성형 AI 시스템은 수십

억 개에서 수천억 개에 이르는 파라미터를 가지고 있으며, 이러한 모델을 학습하기 위해서는 수천 개 이상의 GPU와 대규모 서버 인프라가 필요하다. 이 과정에서 GPU뿐 아니라 메모리 반도체와 고속 네트워크 장비, 전력 시스템 등 다양한 기술이 결합된 데이터센터가 구축된다.

특히 AI 서버에서는 기존 서버보다 훨씬 많은 메모리 반도체가 필요하다. 일반적인 데이터 처리보다 AI 연산에서는 데이터 이동 속도와 메모리 대역폭이 매우 중요하기 때문이다. 이러한 요구를 충족시키기 위해 등장한 기술이 바로 고대역폭 메모리(High Bandwidth Memory, HBM)다. HBM은 기존 메모리보다 훨씬 빠른 데이터 전송 속도를 제공하며, AI 연산에 최적화된 구조를 가지고 있다. 최근 AI 반도체 시장에서 HBM의 수요가 폭발적으로 증가하고 있는 이유도 바로 이러한 기술적 특성 때문이다.

이러한 변화는 반도체 산업의 수요 구조 자체를 바꾸고 있다. 과거에는 스마트폰이나 PC 같은 소비자 기기가 반도체 수요의 중심이었다면, 이제는 데이터센터와 AI 서버가 새로운 수요의 중심으로 떠오르고 있다. 이 과정에서 GPU, 메모리 반도체, 첨단 패키징 기술 등 다양한 반도체 기술이 동시에 발전하고 있다.

AI 산업의 성장은 다음과 같은 구조를 통해 반도체 산업으로 전이된다.

**AI 투자 확대**

→ 데이터센터 건설 증가

→ GPU와 메모리 수요 증가

→ 반도체 수출 증가

→ 반도체 기업 이익 증가

이러한 흐름은 단순한 산업 변화가 아니라 반도체 산업에 새로운 상승 사이클을 만들어내고 있다. 과거에도 기술 혁명은 항상 새로운 반도체 수요를 창출했다.

PC 산업의 확산은 프로세서와 메모리 반도체 수요를 증가시켰고, 인터넷 혁명은 서버와 네트워크 장비에 대한 수요를 확대했다. 이후 스마트폰 혁명은 모바일 반도체 시장을 크게 성장시켰으며, 데이터센터와 클라우드 컴퓨팅의 확산은 메모리 반도체 시장을 다시 한번 확대시켰다.

## AI 사이클과 금융시장

그러나 기술 혁명은 항상 금융시장과 결합하면서 새로운 위험을 만들어내기도 한다. 기술 혁명은 생산성을 높이고 새로운 산업을 만들어내지만, 금융시장은 종종 이러한 변화를 실제보다 더 빠르게 가격에 반영하려는 경향이 있다. 이 과정에서 기술 혁명에 대한 기대가 과도하게 확대되면 자산 가격 버블이 형성될 수 있다.

역사를 돌아보면 이러한 사례는 반복적으로 나타났다.

19세기 철도 혁명은 산업화의 기반을 마련했지만 동시에 철도 기업에 대한 과도한 투자와 신용 확대를 불러왔고, 결국 1873년 금융위기로 이어졌다.

1920년대 전기와 자동차 산업의 확산은 생산성 혁명을 가져왔지만 금융시장에서는 과도한 낙관이 형성되었고, 결국 1929년 대공황이라는 거대한 위기로 이어졌다.

1990년대 인터넷 혁명 역시 세계 경제의 구조를 바꾸었지만 금융시장은 그 속도를 지나치게 낙관했고, 그 결과 2000년 닷컴 버블 붕괴라는 조정을 경험했다.

이러한 역사적 경험은 하나의 중요한 교훈을 남긴다. 기술 혁명은 실제일 수 있지만 금융시장은 항상 그 혁명을 과대평가할 가능성을 가지고 있다는 점이다.

AI 산업 역시 이러한 역사적 패턴에서 완전히 자유롭지 않다. AI 산업은 과거의 인터넷 산업보다 훨씬 더 자본 집약적인 구조를 가지고 있다. 대규모 AI 모델을 학습하기 위해서는 막대한 연산 능력이 필요하며, 이를 위해 수많은 GPU와 메모리 반도체가 장착된 데이터센터가 건설되어야 한다. 데이터센터는 단순히 서버를 설치하는 공간이 아니라 전력 공급 시스템, 냉각 설비, 고속 네트워크 인프라 등 복잡한 기술이 결합된 거대한 산업 시설이다.

이러한 인프라를 구축하기 위해서는 막대한 자본이 필요하다.

　　　　　　　　　　　　

글로벌 기술기업들은 AI 인프라 구축을 위해 수천억 달러 규모의 투자를 계획하고 있으며, 데이터센터 건설과 반도체 공장 투자 역시 빠르게 확대되고 있다.

이러한 투자 자금은 단순히 기업의 내부 자금만으로 조달되는 것이 아니라 금융시장과 신용시장에 크게 의존한다. 은행 대출, 채권 발행, 사모신용, 벤처 자본 등 다양한 금융 자금이 AI 산업으로 유입되고 있다.

이 과정에서 기술 혁명과 금융시장의 연결성은 점점 더 강화되고 있다. AI 산업은 단순한 기술 산업이 아니라 금융시장과 결합된 거대한 투자 사이클이 되고 있다. 투자자들은 AI가 미래 경제의 핵심 기술이 될 것이라는 기대를 바탕으로 반도체 기업과 AI 인프라 기업에 대한 투자를 확대하고 있다.

그러나 이러한 기대가 실제 경제 성과로 이어지지 못할 경우 금융시장은 빠르게 방향을 바꿀 수 있다. 특히 AI 산업은 막대한 자본 지출(CAPEX)을 필요로 하는 산업이기 때문에 투자 회수 기간이 길고 수익성이 예상보다 늦게 나타날 가능성도 존재한다.

만약 AI 투자 확대가 실제 수익으로 이어지지 못할 경우, 다음과 같은 조정 경로가 나타날 수 있다.

> **AI 투자 둔화**

→ 데이터센터 투자 감소

→ GPU와 메모리 수요 감소

→ 반도체 가격 하락

→ 반도체 기업 이익 감소

→ 주식시장 조정

이러한 구조는 과거 기술 버블이 붕괴될 때 나타났던 패턴과 유사하다. 기술 혁명 자체가 사라지는 것은 아니지만, 금융시장에서 형성된 과도한 기대가 조정되면서 자산 가격이 하락하는 과정이 나타날 수 있다.

특히 반도체 산업은 전형적인 경기 순환 산업이라는 점에서 이러한 변화에 더욱 민감하게 반응할 수 있다. 반도체 산업은 수요 변화뿐 아니라 설비 투자와 공급 확대에 따라 가격 변동이 크게 나타나는 산업이다. AI 산업의 성장 속도가 둔화될 경우 반도체 가격 역시 빠르게 조정될 가능성이 있다.

이 때문에 AI 사이클은 단순한 기술 사이클이 아니라 기술, 자본, 그리고 금융시장이 결합된 새로운 산업 사이클로 이해할 필요가 있다. AI 혁명은 반도체 산업에 새로운 기회를 제공하고 있지만 동시에 금융시장에서는 새로운 변동성을 만들어낼 가능성도 존재한다.

결국 AI 시대의 핵심 질문은 단순하지 않다.

AI 기술이 얼마나 빠르게 발전할 것인가가 아니라, 그 기술을 뒷받침하는 막대한 투자와 금융 구조가 얼마나 지속 가능할 것인가하는 문제다.

이 질문에 대한 답에 따라 AI 반도체 사이클의 길이와 강도, 그리고 금융시장에 미치는 영향 역시 크게 달라질 수 있다.

## AI 반도체 사이클의 미래

AI 반도체 사이클은 단순한 산업 변화가 아니라 기술 혁명과 금융 사이클이 결합된 새로운 경제 흐름이다. 반도체 산업은 과거에도 여러 차례의 기술 혁명을 통해 성장해왔다. PC 산업의 확산, 인터넷 혁명, 스마트폰의 등장, 그리고 데이터센터와 클라우드 컴퓨팅의 확대는 모두 반도체 수요를 크게 증가시켰다. 그러나 이러한 기술 혁명은 언제나 일정한 산업 사이클 속에서 전개되었다.

AI 역시 예외는 아니다. AI 기술은 분명히 세계 경제의 구조를 변화시키고 있으며, 대규모 데이터센터와 고성능 반도체에 대한 수요를 빠르게 증가시키고 있다. 특히 GPU와 HBM을 중심으로 한 AI 반도체 시장은 지금까지 경험하지 못한 새로운 수요를 만들어내고 있다.

그러나 반도체 산업의 역사에서 확인되는 한 가지 사실은 기술 혁명이 항상 지속적인 상승만을 의미하지는 않는다는 점이다. 기술 혁명은 새로운 수요를 만들어내지만 동시에 대규모 설비 투자와 공급 확대를 동반한다. 이러한 과정은 결국 새로운 산업 사이클을 형성하게 된다.

　AI 반도체 사이클 역시 이러한 구조 속에서 전개될 가능성이
높다.

　현재 AI 산업은 막대한 투자를 기반으로 빠르게 성장하고 있다.
글로벌 기술기업들은 데이터센터와 AI 서버 인프라 구축을 위해 수
천억 달러 규모의 투자를 계획하고 있으며, 이러한 투자는 반도체
산업에도 강한 상승 압력을 만들고 있다. GPU, 메모리 반도체, 첨
단 패키징 기술 등 다양한 분야에서 새로운 기술 경쟁이 벌어지고
있다.

　특히 메모리 반도체 산업에서는 AI 서버의 확산이 새로운 수요
를 만들어내고 있다. AI 연산에서는 기존 서버보다 훨씬 많은 메모
리와 높은 대역폭이 필요하기 때문에 HBM과 같은 고성능 메모리
의 중요성이 크게 증가하고 있다. 이러한 변화는 메모리 반도체 시장
구조를 다시 한번 변화시키고 있다.

　이러한 흐름은 한국 경제에도 매우 중요한 의미를 가진다. 한국
은 글로벌 메모리 반도체 산업에서 핵심적인 위치를 차지하고 있기
때문이다. 삼성전자와 SK하이닉스는 AI 서버에 필수적인 메모리 반
도체 시장에서 중요한 역할을 하고 있으며, AI 산업의 성장과 함께
이러한 기업들의 중요성은 더욱 커지고 있다.

　AI 반도체 사이클이 지속될 경우 한국 반도체 수출은 크게 증가
할 가능성이 높다. 이는 기업 이익과 금융시장에도 긍정적인 영향을
미칠 수 있다. 반도체 수출이 증가하면 삼성전자와 같은 기업의 이익
이 확대되고, 이는 주식시장 상승으로 이어질 수 있다.

그러나 동시에 반도체 산업의 특성상 이러한 상승 사이클은 언젠가 조정 국면을 맞을 가능성도 존재한다. 반도체 산업은 수요 증가와 설비 투자 확대, 그리고 공급 증가와 가격 하락이라는 과정을 반복하는 산업이다. AI 투자 역시 이러한 산업 구조 속에서 전개될 가능성이 높다.

특히 AI 산업은 과거 기술 혁명보다 훨씬 더 자본 집약적인 산업이라는 점에서 금융시장과의 연결성이 더욱 강하다. 데이터센터 건설과 반도체 공장 투자에는 막대한 자본이 필요하며, 이러한 자금은 금융시장과 신용시장에 의존하는 경우가 많다. 이 때문에 AI 사이클은 기술 사이클이면서 동시에 금융 사이클의 성격도 함께 가지고 있다.

만약 AI 산업에 대한 투자 기대가 실제 수익으로 이어지지 못할 경우 금융시장에서 형성된 과도한 기대는 조정될 수 있다. 이때 반도체 산업 역시 일정한 조정 국면에 들어갈 가능성이 있다. 그러나 이러한 조정이 반드시 기술 혁명의 종료를 의미하는 것은 아니다.

역사를 돌아보면 기술 혁명은 항상 금융시장 조정 이후에도 계속해서 발전해왔다. 인터넷 혁명은 닷컴 버블 붕괴 이후에도 계속 발전했으며, 스마트폰과 클라우드 산업 역시 금융시장 소성 이후에도 지속적으로 성장했다.

AI 역시 장기적으로는 세계 경제의 생산성을 변화시키는 중요한 기술이 될 가능성이 높다. 따라서 AI 반도체 사이클을 이해하기 위해서는 단기적인 시장 변동보다 장기적인 기술 변화와 산업 구조 변화를 함께 살펴볼 필요가 있다.

결국 AI 반도체 사이클의 미래는 세 가지 요소에 의해 결정될 가능성이 높다.

첫째, AI 기술이 실제 경제 생산성을 얼마나 개선할 수 있는가 하는 문제다. 기술 혁명이 실제 생산성 증가로 이어질 경우 AI 반도체 수요는 장기간 지속될 수 있다.

둘째, 글로벌 기술기업들의 설비 투자 속도다. 데이터센터와 AI 인프라 투자가 계속 확대될 경우 반도체 산업의 상승 사이클 역시 장기간 유지될 가능성이 있다.

셋째, 금융시장의 기대와 자본 흐름이다. AI 산업에 대한 투자 기대가 지나치게 확대될 경우 금융시장에서는 일정한 조정이 나타날 가능성도 존재한다.

이 세 가지 요소의 상호작용 속에서 AI 반도체 사이클의 길이와 강도는 결정될 것이다.

한국 경제와 금융시장 역시 이러한 변화의 중심에 있다. 반도체 산업은 이미 한국 경제의 핵심 산업이며, AI 시대에는 그 중요성이 더욱 커질 가능성이 높다. 그러나 동시에 반도체 산업의 변동성 역시 한국 경제의 변동성을 확대시킬 수 있다.

따라서 앞으로 한국 경제를 이해하기 위해서는 AI 기술의 발전뿐 아니라 반도체 산업의 투자 사이클과 금융시장 구조를 함께 살펴볼 필요가 있다.

결국 AI 반도체 사이클은 단순한 산업 사이클이 아니다. 그것은 기술 혁명과 금융시장, 그리고 글로벌 공급망이 동시에 움직이는 새로운 경제 사이클이다.

그리고 그 사이클의 중심에는 반도체 산업이 있다.

# 제3부

# 생존 전략: 빅 사이클 후반부에서 투자자는 무엇을 해야 하는가

# 제18장

# 투자 전략의 출발점: 우리는 어디에 있는가

## 투자 전략은 거시 위치 인식에서 시작된다

투자 전략은 종목 선택에서 시작되지 않는다. 모든 전략은 더 근본적인 질문에서 출발해야 한다.

우리는 지금 경제 사이클의 어디에 서 있는가. 레이 달리오가 설명한 빅 사이클 이론은 장기 경제 사이클이 단순한 경기 순환을 넘어 부채, 통화, 정치 질서가 결합된 구조적 사이클임을 보여준다. 사이클의 초기 단계에서는 생산성 혁신이 등장하고 자본 투자가 확대된다. 중반 단계에서는 금융 시스템이 안정적으로 확장되고 자산 가격이 상승한다. 그러나 후반 단계에서는 부채가 증가하고, 금융 구조가 복잡해지며, 정책의 제약이 커지기 시작한다.

현재 글로벌 경제의 구조를 정리하면 다음과 같은 특징이 나타난다.

- AI라는 생산성 혁신 존재
- 정부 부채의 역사적 고점 근접
- 사모신용시장 확대
- 실질금리 변동성 확대
- 지정학적 긴장 심화

이 조합은 역사적으로 빅 사이클의 후반 단계에서 자주 나타나는 특징과 유사하다. 즉 현재 투자 환경은 단순한 경기 사이클이 아니라 기술 혁명과 금융 구조가 동시에 변하는 과도기에 가까울 가능성이 있다. 이러한 환경에서는 상승기와 동일한 투자 전략을 사용할 수 없다.

## 전략의 기본 원칙

사이클 후반부에서 투자 전략의 기본 원칙은 세 가지로 정리된다.

첫째, 레버리지를 줄여야 한다. 상승기에는 레버리지가 수익을 확대한다. 그러나 후반부 사이클에서는 레버리지가 손실을 증폭시킨다. 금리 변동성과 신용 스프레드가 확대되는 환경에서는 레버리지 구조가 가장 취약한 자산이 먼저 흔들린다.

둘째, 유동성을 확보해야 한다. 위기의 순간에는 가격보다 유동성 부족이 더 큰 문제를 만든다. 투자자는 종종 하락한 자산을 매수할 기회를 찾지만, 유동성이 부족하면 그 기회조차 활용할 수 없다. 현금과 단기채는 단순한 안전 자산이 아니라 위기 국면에서 전략적 선택권을 제공하는 자산이다.

셋째, 통화 리스크를 관리해야 한다. 후반부 사이클에서는 통화 정책의 역할이 커진다. 정부 부채가 높은 상태에서 신용 위기가 발생하면 중앙은행은 유동성 공급을 선택할 가능성이 높다. 이 과정에서 통화 가치 변동성이 확대될 수 있다. 따라서 투자 전략은 단순한 종목 선택이 아니라 통화 구조까지 고려한 자산 배분 전략이 되어야 한다.

## 위험의 분류

투자자가 직면하는 위험은 크게 세 가지로 나뉜다.

- 가격 리스크
- 신용 리스크
- 통화 리스크

대부분의 투자자는 가격 리스크에만 집중한다. 주식 가격이 얼마나 하락할지, 부동산 가격이 얼마나 변동할지에 관심을 둔다. 그러나 역사적으로 큰 위기는 가격 하락 자체가 아니라 신용과 통화의 변화에서 시작되었다.

2000년 위기는 가격 조정이었다.

2008년 위기는 신용 위기였다.

다음 위기는 통화 문제로 확장될 가능성도 존재한다.

따라서 후반부 사이클에서는 가격보다 신용과 통화의 변화가 더 중요한 변수가 된다.

# 제19장

# 시나리오별
# 자산 배분 전략

앞서 제10장에서는 AI 버블의 전개 경로에 따라 세 가지 거시 시나리오를 제시했다.

- 가격형 붕괴(조정)
- 신용형 붕괴(위기)
- 정책형 붕괴(전환)

이 세 시나리오는 단순히 시장의 등락 폭만을 의미하지 않는다. 각 시나리오는 금융 시스템의 작동 방식과 자산 가격 결정 구조 자체를 다르게 만든다. 가격이 조정되는 시장과 신용이 붕괴하는 시장, 그리고 통화 체제가 흔들리는 시장은 완전히 다른 투자 전략을 요구한다. 투자 전략의 핵심은 미래를 정확히 예측하는 것이 아니라 가능한 시나리오에 대비한 자산 구조를 준비하는 것이다. AI 시대의 금융시장 역시 이 세 가지 경로 중 하나를 통해 조정될 가능성이 높다.

## 시나리오 1: 가격형 조정(2000년형)

첫 번째 시나리오는 AI 버블이 주식시장 중심의 밸류에이션 조정으로 마무리되는 경우다. 이때 기술 혁명 자체는 지속되지만, 시장 가격이 과도하게 앞서간 부분이 정상화되는 과정이 발생한다.

이 시나리오의 주요 특징은 다음과 같다.

- 기술주 중심의 급격한 가격 조정
- 신용시장의 안정 유지
- 중앙은행의 정책 대응 가능
- 실물경제 충격 제한

이 구조는 2000년 닷컴 버블 붕괴와 유사한 경로다. 당시 인터넷 기업들의 주가는 급락했지만 금융 시스템 자체는 안정적으로 유지되었다. 연준의 금리 인하는 비교적 빠르게 이루어졌고, 경제는 깊은 금융위기로 이어지지 않았다. 따라서 이 시나리오에서의 시장 조정은 금융 시스템 붕괴가 아니라 밸류에이션 정상화 과정에 가깝다.

투자 전략은 다음과 같이 구성될 수 있다.


- 기술주 비중 축소 후 조정 구간에서 단계적 재매수
- 현금 비중 확대를 통한 변동성 대응
- 장기 성장 기업 선별적 보유
- 과도한 테마 투자 회피


이 시나리오에서 중요한 점은 기술 혁명의 방향 자체는 유지된다는 것이다.

AI는 여전히 생산성 혁신을 이끌 것이며, 단지 가격이 현실로 돌아오는 과정이 나타날 뿐이다.


## 시나리오 2: 신용형 위기(2008년 변형)

두 번째 시나리오는 AI 투자 확대가 신용 구조와 결합된 경우다. 이때 위기의 중심은 주식시장이 아니라 신용시장에서 발생한다.

AI 인프라 투자, 데이터센터 건설, 반도체 생산 확대가 사모신용, 프로젝트 파이낸싱, 레버리지 구조와 결합할 경우 금융 시스템의 취약성이 급격히 높아질 수 있다.

이 시나리오의 주요 특징은 다음과 같다.

- 신용 스프레드 급등
- 유동성 경색
- 차환 리스크 확대
- 금융기관의 위험 회피 심리 강화

이 구조는 2008년 금융위기의 변형된 형태라고 볼 수 있다. 2008년 위기에서도 주택 가격 하락 자체보다 더 위험했던 것은 그 자산 위에 구축된 거대한 레버리지 구조였다. 신용이 멈추는 순간 금융 시스템 전체가 흔들리기 시작했다. AI 투자 역시 부채 기반 구조로 확대될 경우 유사한 위험을 내포하게 된다. 이 시나리오에서 충격은 주식시장보다 신용시장에서 먼저 나타난다.

투자 전략은 다음과 같다.

- 하이일드 채권 회피
- 레버리지 노출 자산 축소
- 국채 및 현금 비중 확대
- 금 일부 편입

신용 위기 국면에서는 수익률보다 더 중요한 것이 있다. 생존이다. 투자 전략의 목표는 수익 극대화가 아니라 손실 최소화가 된다. 위기 국면에서 자산을 보존할 수 있는 투자자만이 다음 상승 사이클에 참여할 수 있기 때문이다.

## 시나리오 3: 정책형 전환(통화 리스크)

세 번째 시나리오는 신용 위기가 통화정책 문제로 확대되는 경우다. 이때 금융 시스템의 문제는 단순한 자산 가격 조정이나 신용 경색을 넘어 통화 체제의 신뢰 문제로 확산될 수 있다.

이 시나리오의 주요 특징은 다음과 같다.

- 실질금리 장기적 마이너스 유지
- 통화 신뢰 약화
- 명목 자산 가격 방어
- 인플레이션 압력 확대

이 경우 자산 가격은 반드시 폭락하지 않을 수도 있다. 대신 나타나는 변화는 화폐 가치의 하락이다. 명목 가격은 유지되거나 상승할 수 있지만 실질 가치가 감소하는 형태의 조정이 나타날 수 있다. 역사적으로 이러한 현상은 통화 체제 전환기에서 자주 나타났다.

이 시나리오에서 투자 전략은 다음과 같이 구성된다.

- 금 및 실물 자산 비중 확대
- 인플레이션 헤지 자산 편입
- 장기 채권 비중 축소
- 통화 분산 투자

이 시나리오에서 중요한 것은 명목 수익률이 아니다. 핵심 목표는 실질 자산 보존(real wealth preservation)이다.

이 세 가지 시나리오는 서로 다른 시장 환경을 의미하지만 투자 전략에는 공통된 원칙이 존재한다.

첫째, 레버리지를 경계해야 한다. 금융위기의 대부분은 과도한 레버리지에서 시작된다.

둘째, 유동성 확보가 중요하다. 현금과 안전 자산은 위기 상황에서 가장 중요한 전략적 자산이 된다.

셋째, 통화 리스크를 고려해야 한다. 오늘날 금융시장의 가장 큰 변수 중 하나는 자산 가격이 아니라 통화 체제의 안정성이다.

AI 시대의 금융시장은 단순한 기술 사이클이 아니라 기술 혁명, 신용 구조, 통화 체제, 이 세 요소가 동시에 작동하는 복합적인 환경 속에 있다. 따라서 투자 전략 역시 단일한 전망이 아니라 여러 시나리오에 대비한 구조적 접근이 필요하다.

미래를 정확히 예측하는 것은 불가능하다. 그러나 준비된 포트폴리오는 어떤 시나리오에서도 살아남을 가능성을 높인다.

| 구분 | 시나리오 1: 가격형 조정(2000년형) | 시나리오 2: 신용형 위기(2008년 변형) | 시나리오 3: 정책형 전환(통화 리스크) |
| --- | --- | --- | --- |
| 위기 구조 | 주식 밸류에이션 조정 | 신용시장 경색 | 통화 신뢰 약화 |
| 충격 시작 시장 | 주식시장 | 신용시장 | 통화·채권시장 |
| 주요 특징 | 기술주 급락<br>신용 안정<br>정책 대응 가능 | 신용 스프레드 급등<br>유동성 경색<br>차환 리스크 확대 | 실질금리 장기 마이너스<br>통화 가치 하락<br>명목 자산 방어 |
| 경제 영향 | 제한적 경기 둔화 | 금융 시스템 충격 | 인플레이션 및<br>통화 체제 변화 |
| 역사적<br>유사 사례 | 2000년 닷컴 버블 | 2008년 글로벌<br>금융위기 | 1970년대 인플레이션 |
| 유리한 자산 | 현금, 우량 성장주,<br>대형 기술기업 | 국채, 현금, 금 | 금·원자재, 실물 자산 |
| 보조 투자 | 배당주 | 달러, 단기채 | 인플레이션 연동채 |
| 회피 자산 | 과대평가 기술주 | 하이일드 채권<br>레버리지 자산 | 장기 국채 |
| 핵심 전략 | 조정 후 기술주 재매수 | 자산 방어 중심 | 실질 자산 보존 |
| 투자 목표 | 밸류에이션 정상화 대응 | 손실 최소화 | 화폐 가치 방어 |

# 제20장

# 실질금리 기반 포트폴리오 모델

투자 환경을 이해하는 데 있어 가장 중요한 변수 중 하나는 실질금리다.

실질금리(real interest rate)는 다음과 같이 정의된다.

**실질금리 = 명목금리 − 인플레이션**

이 단순한 공식은 금융시장의 구조를 이해하는 데 있어 매우 강력한 도구다.

실질금리는 단순한 금리 지표가 아니라 자산 가격의 할인율(discount rate)을 결정하는 핵심 변수이기 때문이다.

투자자는 미래의 현금흐름을 현재 가치로 할인하여 자산 가격을 평가한다. 이때 할인율의 중심에 있는 것이 바로 실질금리다. 실질금리가 상승하면 미래 가치의 현재 가격은 낮아지고, 실질금리가 하락하면 미래 가치의 현재 가격은 높아진다.

따라서 실질금리는 다음과 같은 방식으로 자산시장에 영향을 미친다.

역사적으로 주요 금융 사이클에서도 이 패턴은 반복적으로 나타났다. 1929년 대공황 초기에는 디플레이션으로 인해 실질금리가 급등했고, 이는 자산 가격 하락을 가속화했다.

2000년 닷컴 버블 붕괴 이후 연준의 금리 인하는 실질금리를 낮추었고, 이 정책은 자산시장 회복의 기반이 되었다.

2020년 이후의 금융 환경에서는 인플레이션 상승과 금리 변동이 동시에 나타나면서 실질금리가 자산시장의 핵심 변수로 다시 부상하고 있다.

# 실질금리 3구간 전략

투자 전략 관점에서 실질금리는 크게 세 가지 구간으로 나눌 수 있다.

## ① 실질금리 상승 구간

이 구간에서는 자산 가격이 압박을 받는 경향이 있다. 실질금리가 상승하면 미래 현금흐름의 할인율이 높아지기 때문에 특히 성장주와 장기 성장 스토리 기업의 가치가 크게 하락할 수 있다. 이 시기에는 다음과 같은 현상이 나타난다.

- PER 하락
- 성장주 약세
- 장기 자산 가격 하락

투자 전략 측면에서는 다음과 같은 자산이 상대적으로 유리하다.

- 현금
- 단기 채권
- 방어적 배당주

이 구간에서는 공격적인 수익 추구보다 자산 보존과 유동성 확보가 중요하다.

## ② 실질금리 안정 구간

실질금리가 안정적으로 유지되는 구간에서는 금융시장이 비교적 균형적인 환경을 형성한다.

이 구간에서는 주식과 채권의 상관관계가 낮아지며 전통적인 분산 투자 전략이 효과적으로 작동한다. 투자 전략은 다음과 같은 형태로 구성될 수 있다.

- 우량 성장주
- 배당주
- 중립적 채권 비중 유지

이 구간에서는 균형적 포트폴리오가 가장 효율적인 전략이 된다.

## ③ 실질금리 음수 구간

실질금리가 음수로 유지되는 환경에서는 화폐 가치가 약화되는 경향이 나타난다.

이때 금융시장에서는 다음과 같은 현상이 나타난다.

- 인플레이션 기대 상승
- 실물 자산 강세
- 통화 가치 약화

이 환경에서는 다음과 같은 자산이 상대적으로 강세를 보이는 경우가 많다.


- 금·원자재
- 실물 자산


반면 장기 채권은 인플레이션 리스크에 취약해질 수 있다. 실질 금리 음수 구간에서는 투자 전략의 핵심 목표가 수익률 극대화가 아니라 화폐 가치 방어가 된다.


## 4자산 균형 모델

전통적인 포트폴리오 모델은 60% 주식, 40% 채권 구조였다. 이 모델은 장기간 효과적으로 작동했다. 그 이유는 주식과 채권이 서로 역상관관계를 보였기 때문이다. 주식이 하락하면 채권이 상승하고 채권이 하락하면 주식이 상승하는 구조가 존재했다.

그러나 후반부 사이클에서는 이 관계가 약해질 수 있다. 인플레이션 상승 국면에서는 주식과 채권이 동시에 하락할 가능성이 있기 때문이다.

따라서 전통적인 60/40 모델은 새로운 거시 환경에서 취약해질 수 있다.

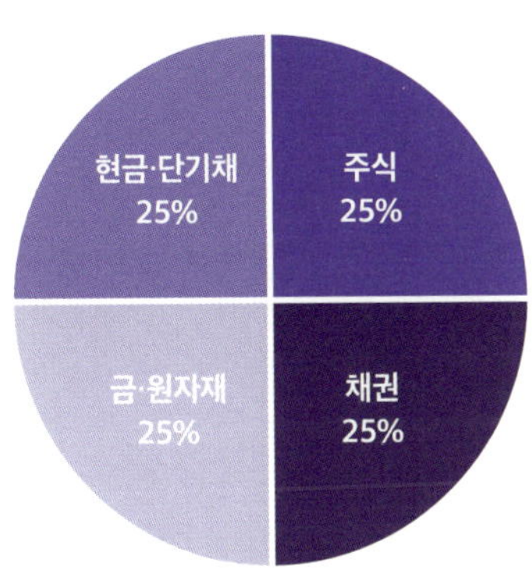


이러한 문제를 보완하기 위해 제시할 수 있는 대안 모델은 위와 같다. 이 모델은 단순한 분산 투자 구조가 아니라 세 가지 거시 리스크를 동시에 분산하는 구조다.

## 세 가지 리스크 분산

이 포트폴리오는 다음 세 가지 핵심 리스크에 대응한다.

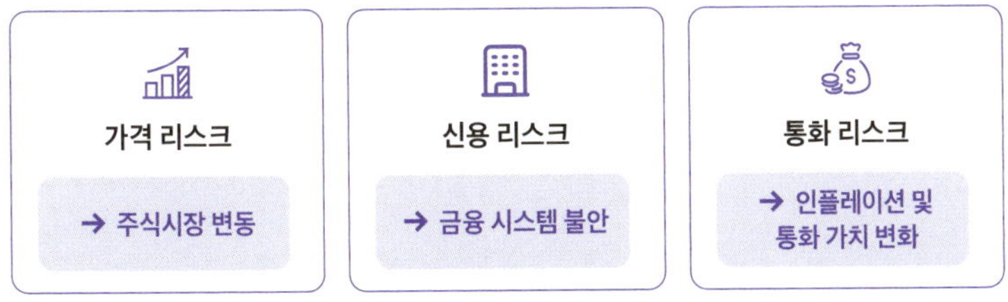

주식은 성장과 생산성 혁신에 노출된다.

채권은 디플레이션 환경에서 방어력을 가진다. 금과 원자재는 통화 가치 하락에 대응한다.

현금과 단기채는 유동성 방어 역할을 한다.

따라서 이 구조는 단순한 자산 배분이 아니라 거시 구조 변화에 대응하는 포트폴리오 모델이라고 볼 수 있다.


## 투자 전략의 핵심 원칙

실질금리 기반 포트폴리오 모델이 제시하는 핵심 원칙은 명확하다.

첫째, 자산 가격의 방향은 실질금리에 의해 크게 영향을 받는다.

둘째, 단일 자산 중심의 포트폴리오는 거시 환경 변화에 취약하다.

셋째, 균형적 자산 구조는 예측이 아니라 대비를 위한 전략이다.

투자는 미래를 정확히 맞히는 것이 아니라, 불확실한 환경에서도 생존할 수 있는 구조를 만드는 과정이다.

그리고 그 구조를 이해하는 가장 중요한 출발점 중 하나가 바로 실질금리다.

# 제21장

# 한국 투자자를 위한 전략

한국 투자자는 글로벌 투자자와 다른 구조적 특징을 가진다. 한국 경제는 수출 의존도가 높고 금융시장은 외국인 자금 흐름의 영향을 크게 받는다. 또한 한국 투자자의 자산 구조는 부동산 비중이 높은 특징을 가지고 있다. 따라서 투자 전략 역시 한국 경제 구조를 고려해야 한다.

## 원화 리스크 관리

우선 한국 투자자는 일정 수준의 달러 자산을 보유할 필요가 있다. 글로벌 금융위기 국면에서는 달러 강세가 나타나는 경우가 많다. 이

때 원화 자산의 변동성은 확대될 수 있다. 달러 자산은 단순한 환 투자라기보다 포트폴리오 안전장치의 역할을 한다.

그러나 미국의 대내외 불균형 확대로 중장기에 걸쳐 달러 가치가 하락할 가능성이 있기 때문에 과다한 달러 자산 보유는 피해야 한다.

## 반도체 구조 대응

다음으로 반도체 중심 구조 대응이다. 한국 증시는 반도체 중심 구조를 가지고 있다. AI 산업이 성장할 경우 한국 기업들은 큰 수혜를 받을 수 있다. 그러나 AI 투자 사이클이 조정되면 반도체 업종 역시 큰 변동성을 경험할 수 있다. 투자자는 다음을 고려해야 한다.

- PER 축소 가능성
- EPS 추정치 하향
- 레버리지 기업 회피

즉 기술 산업의 성장성과 사이클 변동성을 동시에 인식해야 한다.

## 부동산과 금리

한국 가계는 높은 부채 구조를 가지고 있다. 이 구조에서 금리 상승은 부동산 시장의 중요한 위험 요인이 될 수 있다. 투자자는 다음 전략을 고려해야 한다.

- 현금흐름 안정성 확보
- 과도한 레버리지 회피

부동산 역시 가격 상승보다 금리와 금융 구조에 더 민감한 자산이라는 점을 인식해야 한다.


## 투자는 불확실한 미래에 대비하는 일

투자는 미래를 예측하는 일이 아니다. 투자는 불확실한 미래에 대비하는 일이다.

현재 세계 경제는 기술 혁명, 부채 구조, 지정학적 변화가 동시에 나타나는 전환기에 있다.

이러한 환경에서 투자 전략의 출발점은 단순하다.

우리는 어디에 있는가. 그리고 그 위치를 이해할 때 비로소 투자 전략은 의미를 갖게 된다.

# 제22장

# 위기는
# 언제 시작되는가

금융위기는 항상 갑자기 시작되는 것처럼 보인다. 뉴스는 어느 날 갑자기 '시장 붕괴'라는 단어를 사용하기 시작하고, 투자자들은 그 순간을 위기의 시작으로 기억한다. 그러나 역사는 다른 이야기를 한다.

위기는 갑자기 시작되지 않는다. 위기는 천천히 형성되고, 마지막 순간에 폭발한다.

1929년 대공황 이전에도 금융 시스템의 균열은 존재했다.

2008년 글로벌 금융위기 이전에도 주택시장의 연체율은 이미 상승하고 있었다.

문제는 많은 투자자들이 가격 하락을 위기의 신호로 착각한다는 점이다.

그러나 가격 하락은 대개 위기의 원인이 아니라 결과다.

진짜 위기의 신호는 가격보다 먼저 나타나는 구조적 변화에 있다.


## 첫 번째 신호: 실질금리의 변화

금융 역사에서 가장 중요한 변수 중 하나는 실질금리다. 실질금리는 단순한 금리 지표가 아니다. 그것은 자산 가격, 부채 부담, 통화 가치를 동시에 결정하는 핵심 변수다.

이 변수는 자산시장의 방향을 결정한다. 실질금리가 상승하면 자산 가격은 압박을 받는다. 왜냐하면 미래 현금흐름의 현재 가치가 낮아지기 때문이다.

특히 성장주와 기술주는 실질금리에 매우 민감하다. 반대로 실질금리가 낮거나 음수이면 자산 가격은 상승하기 쉬워진다.

문제는 위기가 종종 실질금리의 급격한 변화에서 시작된다는 점이다.

1929년에는 디플레이션이 발생하면서 실질금리가 급등했다.

2000년에는 실질금리가 안정적이었지만 기술주 밸류에이션이 과도했다.

2008년 이후에는 실질금리를 낮게 유지하는 정책이 장기간 지속되었다.

AI 시대의 금융시장 역시 실질금리 변화에 크게 영향을 받을 가능성이 있다.

따라서 투자자가 가장 먼저 관찰해야 할 변수는 실질금리의 방향이다.

## 두 번째 신호: 신용 스프레드

위기는 가격시장이 아니라 신용시장에서 먼저 시작되는 경우가 많다. 주식시장은 낙관과 기대를 반영하는 시장이다. 그러나 채권시장은 위험을 더 냉정하게 평가한다. 이 때문에 신용시장은 종종 주식시장보다 먼저 위험을 반영한다.

이때 가장 중요한 지표가 신용 스프레드다. 신용 스프레드는 국채 금리와 기업 채권 금리의 차이를 의미한다. 이 차이는 투자자들이 기업의 부도 위험을 얼마나 크게 보고 있는지를 보여준다.

평상시에는 신용 스프레드가 안정적으로 유지된다. 그러나 금융 시스템에 대한 의심이 커지기 시작하면 스프레드는 빠르게 확대된다. 2008년 금융위기 당시 신용 스프레드는 역사적으로 가장 빠른 속도로 확대되었다. 이것은 단순한 금리 상승이 아니라 신뢰 붕괴의 신호였다.

AI 시대에도 같은 원리가 적용된다. 만약 AI 인프라 투자와 관련된 신용 구조에서 균열이 발생한다면, 가장 먼저 나타나는 변화는 주식이 아니라 신용 스프레드일 가능성이 높다.

## 세 번째 신호: 유동성의 변화

금융 시스템은 신용으로 움직이지만 시장은 유동성으로 움직인다. 유동성이 풍부한 환경에서는 자산 가격이 쉽게 상승한다. 투자자들은 위험을 감수하려 하고 자본은 새로운 기회를 찾아 이동한다.

그러나 유동성이 줄어들기 시작하면 상황은 달라진다. 금융기관은 대출 기준을 강화하고 투자자들은 위험 자산을 줄이기 시작한다. 이때 가장 먼저 나타나는 현상은 시장 변동성의 확대다.

유동성이 줄어들면 작은 거래도 가격에 큰 영향을 미친다. 이 과정에서 자산 가격은 더 불안정해진다. 2008년 금융위기 당시 리먼 브라더스 파산 이후 시장이 경험한 것은 단순한 가격 하락이 아니었다. 그것은 유동성의 갑작스러운 증발이었다.

AI 시대에도 동일한 위험이 존재한다. 특히 사모신용시장과 같이 유동성이 제한된 자산에서는 유동성 충격이 더 크게 나타날 수 있다.


## 네 번째 신호: 내러티브의 변화

금융시장은 숫자의 시장이기도 하지만 동시에 이야기의 시장이기도 하다. 투자자들은 데이터를 해석할 때 항상 어떤 이야기 속에서 판단한다.

1920년대에는 전기와 자동차가 미래를 상징했다.

2000년에는 인터넷이 새로운 경제 질서를 약속했다.

2020년대에는 AI가 생산성 혁명을 예고하고 있다.

이러한 기술은 실제로 경제를 변화시킨다. 문제는 기술이 아니라 내러티브의 변화다.

상승기에는 투자자들이 같은 이야기를 반복한다.

"이번에는 다르다."

"새로운 기술이 모든 것을 바꿀 것이다."

그러나 어느 순간부터 이야기가 변하기 시작한다. 투자자들은 질문을 던지기 시작한다.

이 기업의 수익 모델은 무엇인가.

이 투자는 언제 수익을 낼 수 있는가.

이 부채는 지속 가능한가.

내러티브가 바뀌는 순간 시장도 방향을 바꾸기 시작한다.


## 네 가지 신호가 동시에 나타날 때

위기의 진짜 시작은 다음 네 가지 변화가 동시에 나타날 때다.

이 네 가지가 동시에 나타나면 시장 구조는 빠르게 바뀔 수 있다.

이때 자산 가격의 하락은 이미 시작된 변화의 결과일 가능성이 높다.

위기는 예측하기 어렵다. 그러나 위기의 징후는 관찰할 수 있다. 이 네 가지 변수는 금융 시스템의 건강 상태를 보여주는 지표다. 투자자는 미래를 정확히 예측할 필요는 없다.

그러나 위기의 신호를 인식할 수 있어야 한다. 역사는 반복된다. 기술 혁명은 언제나 자본을 불러왔고, 자본은 언제나 신용을 통해 확대되었다. 그리고 신용은 상승을 증폭시키지만 붕괴 역시 증폭시킨다.

AI 시대 역시 예외는 아닐 것이다.

## AI 버블의 네 가지 과열 신호

AI 버블이 언제 붕괴할지는 누구도 정확히 알 수 없다. 금융 역사에서 버블의 붕괴 시점은 거의 항상 예측 불가능했다. 그러나 시장이 과열 국면에 들어섰다는 징후는 관찰할 수 있다.

최근 《파이낸셜 타임스(Financial Times)》(2025년 12월 15일)는 금융 버블의 징후를 설명하는 이른바 '4개의 O(Over)' 프레임을 제시했다.

이 기준은 특정 기술이나 산업을 넘어 금융시장 전체의 과열 상태를 진단하는 일종의 체크리스트다. 그리고 현재 AI를 중심으로 형성된 시장 환경이 이 네 가지 조건에 점점 가까워지고 있다는 점이 지적되고 있다.

### 첫 번째 신호는 고평가(Over-valuation)다

AI 관련 기업의 주가가 급등하면서 미국 증시의 밸류에이션 지표는 역사적 고점에 근접하고 있다. 대표적으로 경기조정 주가수익비율(CAPE)이나 버핏 지수(GDP 대비 시가총액 비율)와 같은 장기 밸류에이션 지표들은 과거 버블 국면과 유사한 수준에 접근해 있다. 물론 일부 AI 기업은 실제로 높은 성장률과 이익을 보여주고 있다. 그러나 문제는 개별 기업의 실적이 아니라 시장 전체가 미래의 성공을 지나치게 앞당겨 가격에 반영하고 있다는 점이다.

### 두 번째 신호는 과잉 소유(Over-ownership)다

현재 미국 가계 금융 자산에서 주식이 차지하는 비중은 50%를 넘어서는 등 역사적으로 매우 높은 수준이다. 그 가운데 상당 부분이 기술주와 AI 관련 종목에 집중되어 있다. 이 과정에서 투자 심리는 점점 분석보다 군중 심리에 의해 움직이기 시작한다. AI에 투자하지 않으면 뒤처질 것이라는 불안, 즉 FOMO(Fear of Missing Out)가 투자 판단을 지배하는 것이다. 이러한 현상은 역사적으로 버블의 후반부에서 자주 나타나는 특징이다.

### 세 번째 신호는 과잉 투자(Over-investment)다

이번 AI 사이클의 가장 큰 특징은 대규모 자본이 실물 인프라 투자로 직결되고 있다는 점이다. 데이터센터 건설, 전력망 확충, 반도체 생산 설비 확대 등 AI 생태계를 구축하기 위한 투자가 전례 없는 규모로 진행되고 있다. 이러한 투자는 단기적으로는 과잉 투자로 보일 수 있지만 동시에 미래 산업의 기반을 구축하는 역할도 한다. 그러나 문제는 투자 규모가 커질수록 자본의 회수 가능성이 점점 낮아진다는 점이다. 역사적으로 버블은 항상 이런 딜레마를 동반해왔다.

### 네 번째 신호는 과도한 레버리지(Over-leverage)다

현재 AI 인프라 투자는 점점 부채 중심 구조로 이동하고 있다. 데이터센터 특수목적법인(SPV)을 통한 프로젝트 파이낸싱, 회사채 발행, 그리고 사모신용시장을 통한 자금 조달이 확대되고 있다. 아직 글로벌 금융위기 직전 수준의 레버리지 확대는 아니지만, 신용 스프레드나 자금 조달 조건에서 나타나는 미세한 변화는 초기 경고 신호일 수 있다.

이 점에서 AI 버블은 닷컴 버블과 중요한 차이를 가진다. 닷컴 버블은 주식시장 중심의 거품이었다. 반면 AI 버블은 점점 부채 구조와 결합되면서 금융 시스템 전체로 위험이 전이될 가능성을 내포하고 있다.

이러한 구조는 버블이 붕괴할 경우 단순한 주가 조정을 넘어 신용시장과 금융 시스템 전체에 영향을 미칠 수 있다는 점에서 더 큰 위험을 의미한다.

# 한국에서 위기 신호:
## 코스피와 일평균 수출의 괴리 사상 최대

한국 주식시장의 장기 흐름을 설명하는 변수는 매우 다양하다. 금리, 환율, 글로벌 유동성, 반도체 경기, 원자재 가격 등 수많은 요인이 코스피의 움직임에 영향을 미친다. 실제로 금융시장에서는 이러한 변수들을 조합하여 주가를 설명하려는 다양한 모델이 존재한다. 그러나 장기 데이터를 차분히 살펴보면 코스피의 방향을 설명하는 가장 강력한 변수는 의외로 단순하다. 그것은 바로 일평균 수출이다.

한국 경제는 구조적으로 수출 중심 경제(export-led economy)다. 국내총생산(GDP)에서 수출이 차지하는 비중이 40% 정도로 매우 높으며, 한국의 주요 대기업들은 대부분 글로벌 시장을 대상으로 사업을 운영하고 있다. 반도체, 자동차, 조선, 화학, 철강, 디스플레이 등 한국 경제의 핵심 산업들은 모두 수출 의존도가 높은 산업이다. 이러한 산업 구조는 자연스럽게 한국 주식시장에도 반영된다. 코스피 시가총액 상위 기업의 상당수가 수출 기업이며, 이들의 실적은 글로벌 수요와 수출 사이클에 의해 결정된다.

이러한 구조적 특징 때문에 코스피와 수출 사이에는 매우 강한 관계가 나타난다. 2000년 1월부터 2026년 2월까지의 데이터를 기준으로 분석하면, 코스피와 일평균 수출 사이의 상관계수는 약 0.91에 달한다. 상관계수 0.91이라는 수치는 매우 높은 수준이다. 이는 장기

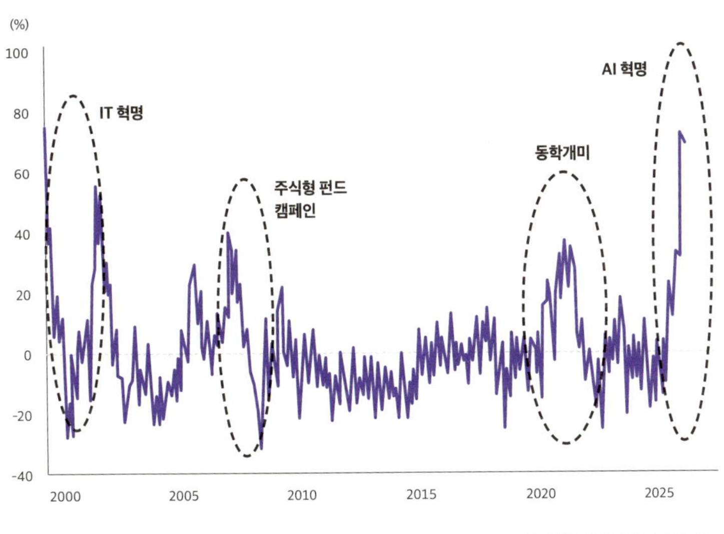



주: 과대(과소)평가 정도는 KOSPI를 일평균 수출금액으로 회귀분석하여 잔차를 구한 것임.
자료: 산업통상자원부, 한국거래소, 내일희망경제연구소

적으로 보면 코스피의 움직임이 거의 수출 사이클과 동일한 방향으로 움직여왔음을 의미한다.

이 사실은 중요한 의미를 가진다. 한국 주식시장은 결국 실물경제, 특히 수출 경기의 반영이라는 것이다. 금융시장이 아무리 복잡해 보이더라도 장기적으로는 기업의 매출과 이익이 주가를 결정한다. 그리고 한국 기업의 매출과 이익은 대부분 수출에서 발생한다. 따라서 장기적으로 보면 코스피는 결국 수출의 함수라고 말할 수 있다.

이러한 관계를 이용하면 흥미로운 분석이 가능해진다. 바로 일평균 수출을 기준으로 코스피의 적정 수준을 추정하는 것이다. 이 접근 방식은 비교적 직관적이다. 먼저 코스피와 수출 사이의 장기적인 관계를 통계적으로 추정한다. 그다음 현재 수출 수준이 설명하는 이론적인 코스피 수준을 계산한다. 마지막으로 실제 코스피와 이론적 코스피를 비교하여 시장이 얼마나 과대평가 또는 과소평가되어 있는지를 측정하는 것이다.

이 방법으로 과거 데이터를 분석하면 흥미로운 결과가 나타난다. 한국 주식시장의 주요 버블 시점이 매우 분명하게 드러난다는 점이다. 특히 2000년, 2007년, 그리고 2021년은 모두 코스피가 수출 증가 속도를 크게 앞지르며 상승했던 시기였다. 다시 말해 금융시장이 실물경제보다 훨씬 빠르게 상승했던 시기였다.

첫 번째 사례는 2000년 IT 버블이다. 당시 전 세계 금융시장은 인터넷과 정보기술 혁명에 대한 기대 속에서 급격한 상승을 경험했다. 인터넷은 새로운 경제 질서를 만들어낼 기술로 인식되었고, 투자자들은 미래의 성장 가능성을 반영하여 기술주를 적극적으로 매수했다. 한국 역시 이러한 흐름에서 예외가 아니었다. 반도체와 IT 산업에 대한 기대가 커지면서 코스피는 빠르게 상승했다. 그러나 수출 증가 속도와 비교하면 주가 상승은 지나치게 빠른 것이었다. 2000년 1월 코스피는 일평균 수출 대비 75% 과대평가 수준에 도달했다. 이후 IT 버블이 붕괴하면서 시장은 크게 하락했고, 괴리는 급격히 해소되었다.

　두 번째 사례는 2007년 글로벌 금융위기 직전이다. 이 시기 한국 금융시장에서는 이른바 주식형 펀드 캠페인이 대대적으로 진행되었다. 금융기관들은 개인 투자자들에게 적극적으로 주식형 펀드를 판매했고, 그 결과 대규모 자금이 주식시장으로 유입되었다. 글로벌 경제 역시 당시에는 비교적 안정적인 성장 국면에 있었기 때문에 시장 낙관론이 강했다. 코스피는 빠르게 상승했고 많은 투자자들이 주식시장의 장기 상승을 확신했다. 그러나 이 시기 역시 수출 증가 속도와 비교하면 주가 상승 속도가 훨씬 빨랐다. 결국 이러한 괴리는 2008년 글로벌 금융위기와 함께 급격히 해소되었다.

　세 번째 사례는 2021년 팬데믹 이후의 유동성 장세다. 코로나 19 팬데믹 이후 전 세계 중앙은행은 초저금리 정책과 대규모 유동성 공급을 시행했다. 이러한 정책은 금융시장에 막대한 자금을 공급했고 자산 가격 상승을 촉진했다. 한국에서는 개인 투자자들이 대거 시장에 참여하며 이른바 '동학개미' 운동이 나타났다. 개인 투자자들은 적극적으로 주식을 매수했고, 그 결과 코스피는 빠르게 상승했다. 그러나 이 시기 역시 수출 증가 속도보다 주가 상승 속도가 훨씬 빨랐다. 이후 시장은 다시 조정을 겪었다.

　이러한 흐름을 현재 상황에 적용하면 매우 흥미로운 결과가 나타난다. 2026년 1월 기준으로 코스피는 수출 대비 약 71% 과대평가된 상태로 추정된다. 이는 역사적으로도 매우 높은 수준이다. 사실상 비교할 수 있는 시기는 2000년 IT 버블 정점뿐이다. 당시 코스피의 과대평가 수준은 75%였다. 즉 현재 시장은 닷컴 버블 직전과 거의 유사한 수준의 괴리를 보이고 있는 셈이다.


## 버블의 데칼코마니

그래프를 자세히 살펴보면 또 하나 흥미로운 특징이 드러난다. 시장의 움직임이 마치 데칼코마니처럼 반복되는 패턴을 보인다는 점이다. 예를 들어 2000년과 2026년은 모두 기술 혁명이 시장 상승을 이끈 시기다. 2000년에는 인터넷이 새로운 경제를 상징했고, 2026년에는 AI가 미래 산업의 핵심 기술로 인식되고 있다. 두 시기 모두 기술 산업에 대한 기대가 주가 상승을 주도했고, 금융시장이 실물경제보다 훨씬 빠르게 상승했다.

또 다른 쌍은 2007년과 2021년이다. 두 시기는 모두 유동성 확대가 시장 상승의 핵심 요인이었다. 금융시장으로 대규모 자금이 유입되면서 자산 가격이 상승했고, 개인 투자자의 참여가 크게 늘어났다. 이러한 구조는 기술 버블과는 다른 유형의 금융 버블을 만들어낸다.

이러한 패턴은 하나의 중요한 가능성을 시사한다. 현재 시장이 단순한 상승장이 아니라 버블 사이클의 후반부에 위치해 있을 가능성이다. 물론 이 분석이 곧바로 시장 붕괴를 의미하는 것은 아니다. 금융 역사에서 버블은 항상 예상보다 오래 지속되는 경향이 있다. 1999년에도 많은 전문가들이 버블을 경고했지만, 나스닥 지수는 그 이후에도 큰 폭으로 상승했다. 버블의 특징은 바로 이것이다. 과대평가 자체가 상승을 멈추게 하지는 않는다. 오히려 과대평가는 종종 버블의 마지막 상승 국면을 동반하기도 한다.

그러나 한 가지 사실은 분명하다. 실물경제와 금융시장 사이의 괴리가 커질수록 조정 가능성 역시 커진다는 점이다. 특히 다음과 같은 조건이 동시에 나타날 경우 시장의 위험은 크게 증가한다. 실질금리 상승, 신용 스프레드 확대, 글로벌 유동성 축소, 그리고 기술 버블 내러티브의 변화다. 이러한 변화는 역사적으로 금융위기 이전에 반복적으로 나타난 신호들이다.

결국 중요한 질문은 하나다.

현재 시장은 미래 성장을 선반영하고 있는 것인가, 아니면 또 하나의 버블을 형성하고 있는 것인가.

금융시장은 언제나 기대를 반영한다. 그러나 수출은 현실을 반영한다. 한국 경제에서 수출은 기업의 매출과 이익을 결정하는 가장 중요한 변수다. 따라서 장기적으로 보면 코스피는 결국 수출이 결정하는 궤도로 돌아갈 가능성이 높다.

지금 나타나고 있는 괴리는 시장이 미래를 과도하게 앞당겨 반영하고 있을 가능성을 시사한다. 버블은 언제 터질지 정확히 알 수 없다. 그러나 금융 역사에서 반복적으로 나타난 교훈은 분명하다. 실물경제와 금융시장 사이의 괴리는 결국 언젠가 해소된다. 그리고 그 과정은 종종 예상보다 훨씬 빠르게 진행된다.

# 위기는
# 어디에서 시작되는가

역사를 돌아보면 금융위기는 항상 비슷한 방식으로 시작된다. 그리고 그 과정은 놀라울 정도로 반복적이다.

처음에는 언제나 새로운 기술이 등장한다. 그 기술은 단순한 발명이 아니다. 그것은 산업 구조를 바꾸고 경제의 방향을 바꾸는 생산성 혁명이다.

19세기에는 철도가 그 역할을 했다. 철도는 대륙을 연결했고 산업혁명의 속도를 바꾸었다.

1920년대에는 전기와 자동차가 산업 구조를 바꾸었다. 공장은 더 빠르게 움직였고 도시의 구조는 완전히 달라졌다.

1990년대에는 인터넷이 세계를 연결했다. 정보의 이동 속도는 인간 역사에서 한 번도 경험하지 못한 수준으로 빨라졌다.

그리고 지금 우리는 인공지능(AI)이라는 새로운 기술 혁명의 중심에 서 있다.

기술 혁명은 언제나 인간의 상상력을 자극한다. 새로운 산업이 등장하면 생산성은 증가하고 경제는 확장된다. 기업은 성장하고 투자 기회는 확대된다. 투자자들은 미래를 바라본다. 그리고 미래의 성장을 현재의 가격에 반영하기 시작한다.

문제는 기술이 아니라 인간의 심리다. 기술 혁명은 실제로 존재한다. 그러나 금융시장의 기대는 종종 그 현실보다 훨씬 빠르게 움직인다.

가격은 미래를 앞서간다. 그리고 그 차이가 커질수록 금융 시스템은 점점 더 많은 신용을 필요로 하게 된다.

### 기술과 신용

기술 혁명은 자본을 필요로 한다. 그리고 자본은 대개 신용을 통해 공급된다.

철도 혁명은 대규모 철도 채권시장을 탄생시켰다. 수천 킬로미터에 달하는 철도를 건설하기 위해서는 막대한 자본이 필요했고, 그 자본은 채권 발행을 통해 조달되었다.

전기 혁명은 산업 자본을 확대했다. 전력망과 공장을 건설하기 위해 금융 시스템은 새로운 투자 구조를 만들어냈다.

인터넷 혁명은 벤처 자본과 주식시장을 성장시켰다. 수많은 스타트업이 등장했고 자본시장은 기술기업의 미래에 투자했다.

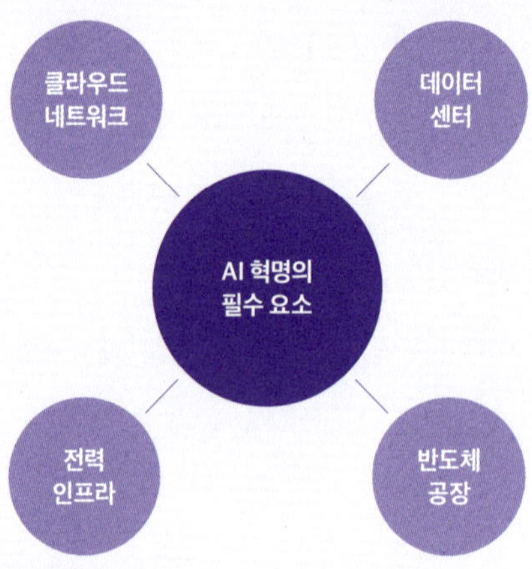


그리고 지금 진행되고 있는 AI 혁명은 그 어느 기술 혁명보다 더 거대한 자본을 필요로 한다.

이 모든 것은 막대한 투자를 요구한다. 즉 기술 혁명은 언제나 금융 구조와 함께 확장된다. 그리고 바로 그 구조 속에서 버블이 형성된다.

버블은 언제나 비슷한 단계를 거친다. 처음에는 투자다. 새로운 기술과 산업에 대한 합리적인 투자가 시작된다.

그다음에는 투기다. 투자자들은 미래의 성장 가능성을 과도하게 확대해석하기 시작한다.

그리고 마지막 단계는 레버리지다. 신용이 시장으로 흘러들어 온다. 부채는 상승을 가속한다. 레버리지는 상승을 증폭시킨다.

그러나 동시에 붕괴 역시 증폭시킨다.

## 가격과 신용의 차이

금융 역사는 중요한 교훈을 남겼다.

가격의 붕괴는 고통스럽다.

그러나 회복은 가능하다.

신용의 붕괴는 다르다.

신용이 무너지면 금융 시스템 전체가 흔들린다.

그리고 통화가 무너지면 경제 질서 자체가 변한다.

2000년 닷컴 버블은 가격의 붕괴였다. 기술기업의 주가는 급락했지만 금융 시스템은 유지되었다.

2008년 글로벌 금융위기는 신용의 붕괴였다. 주택시장에서 시작된 문제는 금융 시스템 전체로 확산되었다.

그리고 미래의 위기가 어디에서 시작될지 우리는 아직 알지 못한다.

가격에서 시작될 수도 있다.

신용에서 시작될 수도 있다.

혹은 통화에서 시작될 수도 있다.

그러나 한 가지는 분명하다. 위기는 가격의 문제가 아니라 신뢰의 문제에서 시작된다.

금융 시스템은 신뢰 위에서 작동한다. 그리고 그 신뢰가 흔들리는 순간 시장은 빠르게 변하기 시작한다.

**우리가 서 있는 위치**

지금 세계 경제는 중요한 전환점에 서 있다. AI라는 생산성 혁명이 등장했다. 동시에 정부 부채는 역사적 수준에 가까워지고 있다. 사모신용시장은 빠르게 성장하고 있으며, 지정학적 긴장은 점점 확대되고 있다.

이러한 조합은 역사적으로 사이클의 후반부에서 자주 나타나는 특징과 유사하다. 그러나 후반부 사이클이 반드시 위기를 의미하는 것은 아니다. 그것은 단지 구조가 변하고 있다는 신호일 뿐이다.

역사는 직선이 아니라 사이클로 움직인다. 그리고 사이클의 후반부는 언제나 새로운 질서가 등장하기 직전의 시기이기도 하다.

**투자와 예측**

투자는 미래를 정확히 예측하는 일이 아니다. 미래는 언제나 불확실하다. 그리고 시장은 언제나 예상과 다른 방식으로 움직인다.

투자의 진짜 목적은 예측이 아니라 준비다.

투자자는 스스로에게 질문해야 한다.

우리는 지금 어디에 있는가.

어떤 위험이 가장 중요한가.

그리고 어떤 자산이 그 위험을 견딜 수 있는가.

금융 역사에서 가장 흥미로운 질문은 다음과 같다.

다음 위기는 어디에서 시작될 것인가.

기술에서 시작될까.

신용에서 시작될까.

아니면 통화에서 시작될까.

우리는 아직 답을 알지 못한다. 그러나 역사적 경험은 하나의 사실을 보여준다. 위기는 언제나 가장 낙관적인 순간에 씨앗을 뿌린다.

기술은 세상을 바꾼다.

그러나 금융시장을 움직이는 것은 항상 인간이다.

그리고 인간의 심리는 역사 속에서 반복되어 왔다.

가격은 마지막에 움직인다.

위기는 언제나 신용에서 시작된다.

# AI 버블이 만드는 부채의 종말

**1판 1쇄 인쇄** 2026년 4월 20일
**1판 1쇄 발행** 2026년 4월 30일

**지은이** 김영익
**펴낸이** 김기옥

**경제경영사업본부장** 모민원
**기획 편집** 박지선, 양영선
**마케팅** 박진모 **경영지원** 고광현 **제작** 김형식

**디자인** 푸른나무디자인
**인쇄·제본** 민언프린텍

**펴낸곳** 한스미디어(한즈미디어(주))
**주소** 121-839 서울시 마포구 양화로 11길 13(서교동, 강원빌딩 5층)
**전화** 02-707-0337 | **팩스** 02-707-0198 | **홈페이지** www.hansmedia.com
**출판신고번호** 제 313-2003-227호 | **신고일자** 2003년 6월 25일

ISBN 979-11-24272-23-7 (13320)